PENSAR EN GRANDE
PARA HACERLA EN GRANDE

MARCUS DANTUS

PENSAR EN GRANDE PARA HACERLA EN GRANDE

Decálogo de habilidades para alcanzar el éxito

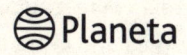

Planeta

© 2022, Marcus Dantus

Diseño de portada: Planeta Arte & Diseño / Estudio La fe ciega / Domingo Martínez
Diseño de interiores: Guadalupe M. González Ruiz
Fotografía del autor: Blanca Charolet

Derechos reservados

© 2022, Editorial Planeta Mexicana, S.A. de C.V.
Bajo el sello editorial PLANETA M.R.
Avenida Presidente Masarik núm. 111,
Piso 2, Polanco V Sección, Miguel Hidalgo
C.P. 11560, Ciudad de México
www.planetadelibros.com.mx

Primera edición en formato epub: marzo de 2022
ISBN: 978-607-07-8509-2

Primera edición impresa en México: marzo de 2022
ISBN: 978-607-07-8508-5

No se permite la reproducción total o parcial de este libro ni su incorporación a un sistema informático, ni su transmisión en cualquier forma o por cualquier medio, sea este electrónico, mecánico, por fotocopia, por grabación u otros métodos, sin el permiso previo y por escrito de los titulares del *copyright*.

La infracción de los derechos mencionados puede ser constitutiva de delito contra la propiedad intelectual (Arts. 229 y siguientes de la Ley Federal de Derechos de Autor y Arts. 424 y siguientes del Código Penal).

Si necesita fotocopiar o escanear algún fragmento de esta obra diríjase al CeMPro (Centro Mexicano de Protección y Fomento de los Derechos de Autor, http://www.cempro.org.mx).

Impreso en los talleres de Litográfica Ingramex, S.A. de C.V.
Centeno núm. 162-1, colonia Granjas Esmeralda, Ciudad de México
Impreso y hecho en México – *Printed and made in Mexico*

A *Liz*, mi razón de ser,
mi fuerza, mi faro.

A *Jacky* y *Alan*, mis
verdaderos maestros y mi
más importante legado.

A mis *padres* y *abuelos*
por su guía, bondad
y humildad.

ÍNDICE

UNA NOTA DEL AUTOR 8
INTRODUCCIÓN 12

1 Valentía y audacia 18

2 Propósito 34

3 Planeación 50

4 Innovación 72

5 Enfoque 94

6 Resiliencia 106

7 Intuición e improvisación 126

8 Adaptación 144

9 Integridad 160

10 Autenticidad 172

11 Empatía 182

12 Humildad 196

13 Liderazgo 210

14 Saber vender 226

15 Retribuir 244

16 Actitud 256

CONCLUSIÓN 270
AGRADECIMIENTOS 274
BIBLIOGRAFÍA 276

UNA NOTA DEL AUTOR

Fue el poeta cubano José Martí quien señaló que «hay tres cosas que cada persona debería hacer durante su vida: plantar un árbol, tener un hijo y escribir un libro». Árboles ya he plantado, en varias ocasiones, aunque nunca es suficiente y plantaré más en cualquier oportunidad que se me presente. Tengo la fortuna de haber encontrado desde joven a mi socia de vida, Liza, ahora esposa, y madre de dos hermosos y perfectos hijos: Jacky y Alan, ambos ya adultos y a quienes, confío, hemos criado y brindado toda oportunidad para que definan, emprendan y disfruten con plenitud y alegría su vida. Pero hasta ahora no había escrito un libro, y me encantó y agradecí inmediatamente la oportunidad de poder compartir algunas de mis experiencias y conocimiento, y que estos quedaran registrados como parte de un posible legado, un grano de arena para aportar a la humanidad durante mi paso por la vida.

En la primera reunión con la editorial Planeta, cuando recién me presentaron la idea de escribir este, mi primer libro, mi idea inicial fue la de crear un manual para apoyar a nuevos emprendedores en este camino tan intimidante y lleno de incertidumbre que es el atreverse a emprender por primera vez. Sin embargo, unos días después de aceptar el proyecto, mientras intentaba definir la estructura del libro frente al teclado de mi computadora, recordé algo en lo que creo fervientemente, y es que el emprendimiento en realidad no puede ser enseñado. La teoría, por supuesto, aporta conocimiento y amplía las probabilidades de tomar decisiones más atinadas, sin embargo, el emprender solo se puede aprender en la práctica, experimentando en carne propia la responsabilidad y las consecuencias de las decisiones y acciones que en algún momento definirán el éxito o fracaso de cualquier nuevo proyecto.

Cada camino emprendedor es diferente e incluye una variedad de situaciones, en su mayoría inesperadas y particulares, que impiden que el emprendimiento sea clasificado como una ciencia, donde un método aplicado de forma correcta garantice un resultado. Emprender es más bien un arte, donde las habilidades cognitivas, el conocimiento empírico, la experiencia personal y por supuesto algo de teoría se combinan constantemente para navegar aguas inciertas intentando llegar sano y salvo a un destino predeterminado.

Así que decidí redireccionar y enfocarme en **revelar el set de habilidades que te permitirán desarrollar el criterio y «la madera» necesaria para iniciar y llevar a cabo un nuevo proyecto y que, además, son imprescindibles para lograr una vida plena,** llena de experiencias enriquecedoras, que nos brinden satisfacción, crecimiento personal y un sentimiento de realización y éxito.

Ahora bien, ¿qué es el éxito? Definiciones hay muchas, y todas de una u otra manera hacen referencia a la culminación satisfactoria de una acción o proyecto, en especial a la conquista de grandes y reconocidos logros, lo cual es importante, claro, pero me resulta una interpretación muy limitada del éxito. En realidad, a lo largo de nuestra vida atravesamos un sinnúmero de momentos y circunstancias en las que culminamos satisfactoriamente lo que nos hemos propuesto y, por ende, hemos alcanzado el éxito.

Es decir, el éxito no es una cima que alcanzas solo una vez, sino que son muchas y distintas cumbres que tocas en diferentes momentos de tu vida. Piensa en las múltiples ocasiones en que has logrado lo que te has propuesto: meter un gol, ganar una competencia, sacar una buena nota en un examen o conseguir a tu primera pareja. Considera todas las veces que te has sentido valorado: cuando tus palabras fueron apreciadas y agradecidas, cuando el chiste que contaste generó la risa de tu audiencia, o simplemente cuando lograste integrarte y formar parte de una nueva comunidad de amigos o colegas.

El éxito se compone por todos los logros «grandes», por supuesto. Sin embargo, **ser realmente exitosos es saber interiorizar el éxito y convertirlo en algo mucho más profundo y personal, que no depende del reconocimiento externo, sino más bien de**

la satisfacción que generamos a través de las decisiones y acciones que tomamos. El simple hecho de saber que hicimos nuestro mejor esfuerzo y podemos continuar nuestro camino sin arrepentimientos para mí ya es un éxito. Incluso si fracasamos, pero rescatamos un aprendizaje de ello, también lo considero algo valioso. Me atrevería a afirmar que es precisamente la habilidad de reconocer, valorar y atesorar todos estos pequeños éxitos lo que al final nos hace realmente exitosos. En este sentido, el éxito está más ligado con el viaje que con un destino predeterminado.

En las próximas páginas procuraré explorar las habilidades que considero necesarias para alcanzar el éxito, en la amplitud de su definición. Todos tenemos el potencial de ser exitosos; fortaleciendo las herramientas y habilidades que veremos aquí incrementarás tus probabilidades de realizarte y también de reconocer y celebrar los éxitos que ya has cosechado. Tendremos problemas en el camino, situaciones difíciles que afrontar y decisiones complejas que tomar, sin embargo, estoy convencido de que identificar, desarrollar y confiar en estas habilidades te será de gran ayuda al emprender tu camino, cual sea que elijas.

Este libro fue concebido en su vasta mayoría durante mi reclusión voluntaria debido a la reciente pandemia, una etapa insólita, devastadora y de mucho desconcierto para todos y que confío ha suscitado una nueva manera de relacionarnos, nos ha permitido definir nuevas prioridades y reflexionar sobre cómo instaurar una revitalizada cultura de cooperación y empatía globalizada. Así pues, dedico el libro a la memoria de todas las víctimas de este horrible padecimiento y como reconocimiento a los nuevos héroes que, en el momento de escribir estas palabras, aún continúan en su esfuerzo por prevenir la enfermedad, rehabilitar y mantener la salud de la gente, las instituciones y las empresas, y que permiten que nuestra sociedad siga marchando a paso firme.

Marcus Dantus
enero de 2022

INTRODUCCIÓN

PRINCIPIO BUENO, LA MITAD ES HECHO

Dicho popular

Bill Gates comenzó programando juegos sencillos a los 13 años con una pesada y lenta computadora de su escuela, en Seattle. Hoy, Gates es un empresario, informático y filántropo que ha redefinido lo que significa ser exitoso. Es cofundador de Microsoft y uno de los propulsores de la revolución de sistemas operativos y computadoras personales que tanto utilizamos a diario.

Jack Ma, un joven chino que tuvo problemas para asistir a la universidad, que en el colegio siempre fue malo para las matemáticas y recibió cartas de rechazo de múltiples empleos, decidió a sus 31 años instaurar un innovador sistema de compras para conectar a fabricantes chinos con empresas extranjeras. Creó Alibaba, un consorcio que hoy posee 18 subsidiarias, y transformó por completo el comercio en internet. Fue el responsable de poner a China en el mapa digital y en el mundo del comercio electrónico, es un verdadero gigante.

Mario Molina, veracruzano de nacimiento y egresado de la Facultad de Química de la Universidad Nacional Autónoma de México, pudo haber sido solo un estudiante más. Sin embargo, trabajó duro para hacer su posgrado en Alemania, pasar unos años investigando en Europa y luego regresar al continente americano para ingresar al doctorado de Fisicoquímica en la Universidad de Berkeley, en California. En 1995 Molina se convirtió en el primer mexicano en ganar el Premio Nobel de Química por sus investigaciones, junto a otros de sus colegas, sobre la química atmosférica y la capa de ozono. Sus proezas siguen generando impacto hasta ahora. Molina hizo historia.

Simone Biles, la icónica gimnasta estadounidense que con solo 24 años ya es considerada la mejor gimnasta de la historia, tampoco la tuvo fácil pero nada de esto la detuvo. Un día, a sus seis años, un viaje escolar se canceló por mal tiempo y cambió su destino a un centro de gimnasia artística. Dos años más tarde su actual entrenadora la descubrió, y desde ahí Simone no paró jamás. Hoy, Biles es la gimnasta con más medallas mundiales: ha ganado 25 en total, de las cuales 19 son de oro. Su esfuerzo le ha merecido, frente a toda adversidad, el reconocimiento del mundo entero.

Estas cuatro historias son ejemplos de éxito, claro. Pero ve un paso atrás: ¿qué pasó antes de ese éxito? ¿Cuál fue el propulsor? Exacto, **los cuatro pensaron en grande. No se conformaron.** Detrás de esa enorme y lenta computadora, Gates vio un mundo en el que las computadoras pudieran ser personales y tener un sistema operativo ágil. Más allá de todos los «no» y los portazos que recibió Ma, él vio una oportunidad de negocio con un potencial enorme para cambiar el mundo del comercio como hasta ese momento se conocía. Molina supo que lo que leía y descubría no podía quedarse en las aulas, por lo que se propuso prepararse más y más hasta demostrarle al mundo que su causa era digna de conocerse y atenderse. Y Biles entendió que para probar que una niña de Columbus, Ohio, podía cambiar por completo la gimnasia artística más allá de sus orígenes, debía retarse no solo a ser mejor, sino a ser *la* mejor, y ponerse a ella primero.

Cuando pensamos en grande el mundo se hace del mismo tamaño, nuestras ideas se disparan y, si las dejamos subir, llegan a lugares que ni siquiera sabíamos que existían en la galaxia.

Pensar en grande nos demuestra que, de una u otra forma, absolutamente todo se encuentra a nuestro alcance. Y que, con esfuerzo y dedicación, nuestros cometidos se pueden lograr.

No siempre supe el poder que tenía cambiar este paradigma de pensamiento, pero recuerdo bien cuando me cayó el veinte. Estaba saliendo de preparatoria y, como muchos adolescentes, tenía frente a mí una serie de opciones que, según creía en ese momento, definirían el resto de mi vida. Por un lado, tenía la oportunidad de ir a un campamento de verano en el norte de Míchigan, en Estados Unidos. También estaba la opción de tomarme un año sabático viajando y experimentando por el mundo antes de entrar a la fase universitaria; esta era la que más me guiñaba el ojo. Y claro, siempre estaba hacer caso omiso de la aventura que me sugerían todas las anteriores, e irme por «la segura»: entrar directamente a la universidad.

Esta última opción nunca fue mi favorita, pero cuando tenía que pasar de soñador a ser realista, veía cómo mi espectro de opciones se reducía poco a poco. Nací en una familia de clase media a finales de los sesenta y nunca me faltó nada, honestamente no me puedo quejar. Sin embargo, no tenía dinero para el viaje y tampoco me alcanzaba para pagar el campamento. Aun así, me negaba a soltar la idea de hacer alguna de estas dos opciones realidad.

Luego de darle muchas vueltas, se me ocurrió que podía pedir trabajo en el campamento en vez de ir como acampante. El dinero que obtuviera de mi sueldo lo ahorraría y sería el que, al terminar el campamento, usaría para irme a mi año sabático. Y sí, así fue. Me dieron trabajo en el campamento para cuidar a un grupo de niños más pequeños durante el verano, y al terminar pude ir a mi tan esperado viaje. Recuerdo plenamente ese momento en que, a pesar de tratarse de una situación mundana, cambié el chip. **Se abrió mi mente y me pidió a gritos buscar alternativas, no rendirme.** Y fue ahí, al lograr ambas cosas gracias a esta capacidad de expandir mi horizonte a otras posibilidades, cuando me sentí invencible.

Durante el viaje sabático, uno de mis compañeros de cuarto estaba aplicando para irse a estudiar a una universidad en Estados

Unidos. Yo jamás había contemplado siquiera la idea de cursar una licenciatura en una universidad fuera de México, nunca fui muy ducho en la escuela y pensé que eso estaba simplemente fuera de mi alcance. Pero verlo aplicar me hizo pensar que quizá, si él podía, yo también lo haría, o aunque fuera lo intentaría. Ya había entrado al Tec de Monterrey a estudiar la licenciatura en Sistemas Computacionales Administrativos, y, de hecho, empecé a cursar aquí en México la carrera, pero unos meses después apliqué para irme fuera y, cuando me di cuenta, ya había sido aceptado en la Universidad de Pensilvania, no solo una universidad en Estados Unidos, sino además parte de la Ivy League, y una de las universidades con mejor reputación en el mundo. Y así, una vez más, volví a comprobar **que, con voluntad, planeación, trabajo duro y propósito, todo es posible.**

Con esas lecciones bajo el brazo, la vida fue pasando. Hice mi primera empresa de la que ya te contaré más adelante, luego una segunda y una tercera. Me caí, me levanté, aprendí... viví. Hoy soy orgulloso fundador y CEO de Startup México, un campus que busca fomentar la cultura de la innovación y el emprendimiento en Latinoamérica y que, para serte franco, es la empresa con la que siempre soñé, pues me ha permitido cumplir con uno de mis grandes propósitos: ayudar a la gente y contribuir a un mundo que necesita de todos nosotros para ser mejor. Desde hace algunas temporadas soy uno de los tiburones de *Shark Tank México*, un *reality* cuyo fin es apoyar a emprendedores prometedores, y que me ha permitido amplificar mi margen de acción para seguir cumpliendo mi propósito. Además, soy ángel inversionista y socio fundador de Dux Capital, un fondo semilla que invierte en empresas mexicanas de tecnología. Todo esto empezó aquel verano cuando en verdad entendí que con trabajo, algunos sacrificios y principalmente creyendo en uno mismo, todo es alcanzable.

Atreverte a pensar en grande es el punto cero. Y si lo complementas con ser ambicioso, un buen planeador, saber improvisar y aprender de los fracasos, tener buena actitud y dar de regreso, entre otras habilidades descritas en este libro, no hay nada en este mundo capaz de detenerte.

No importa si el sueño que persigues es laboral o personal, si es tan tangible como comprar una casa o tan intangible como cambiar vidas, **en estas páginas encontrarás las habilidades que tras tres décadas de experiencia como emprendedor y mentor considero las más importantes para lograr esa vida llena de experiencias enriquecedoras, que te hagan pensar y actuar en grande para sentirte pleno, satisfecho… exitoso.**

Encontrarás que en cada capítulo comparto una serie de experiencias, anécdotas, frases y casos de empresas o personas que admiro y cuya manera de aplicar esa habilidad te servirá como un ejemplo cercano y amigable de cómo puedes utilizarla también en tu vida. De igual forma verás algunas recomendaciones y ejercicios para robustecer tu aprendizaje y sacarle el mayor provecho a cada habilidad. La estructura de este libro obedece al orden en el que recomiendo implementar las distintas habilidades aquí mencionadas, pero siéntete libre de ir trabajando cada una como mejor te acomode, siempre y cuando estén presentes en tu camino.

No quiero que veas lo que presento aquí como una verdad absoluta o como un cúmulo de metodologías que te garantizarán resultados, sino que encuentres en estas líneas un apoyo para que, ante situaciones adversas, puedas reconocer y confiar en que todo lo aquí expuesto, sobre todo en términos de habilidades, te será de gran ayuda. Esto es para ti, para que tengas las herramientas necesarias y nada se interponga entre tus sueños y tú. No importa cuán locos sean los tiempos que vivimos, siempre es buen momento para cambiar las excusas por motivos y darse cuenta de que toda habilidad y, por lo tanto, **toda posibilidad de éxito están dentro de ti, solo es cuestión de trabajarlas.**

Bienvenido a bordo.

VALENTÍA
Y AUDACIA

1

QUIEN NO TIENE VERGÜENZA, VENTAJA LLEVA.

Dicho popular

Los héroes de nuestra infancia, los protagonistas de cualquier historia de ficción, las personas que idolatramos y admiramos por sus logros, todos tienen algo en común: **su valentía.** Desde chicos nos dicen que es un ingrediente esencial para alcanzar nuestras metas y atrevernos a ir por el premio mayor, pero poco nos explican de qué va la cosa y menos lo que implica conseguirla. ¿Uno nace con ella? ¿La desarrolla? ¿Qué hace que algunos puedan ser valientes y otros no?

Nelson Mandela, famoso activista y expresidente sudafricano, decía:

> «LA VALENTÍA NO ES LA AUSENCIA DE MIEDO, SINO EL TRIUNFO SOBRE EL MIEDO. EL HOMBRE VALIENTE NO ES EL QUE NO SIENTE MIEDO, SINO AQUEL QUE CONQUISTA ESE MIEDO».

Y me parece que da justo en el clavo. Tras poco más de dos décadas como emprendedor he reparado en que **el miedo es la principal constante en todas las personas, la única diferencia**

es, precisamente, la que apunta Mandela: algunas lo han sabido dominar mientras que otras se han dejado dominar por él.

Así que cuando alguien me pregunta qué es lo primero que se necesita para ser exitoso, siempre contesto que, sin duda, lo primero es tener las agallas de ver el miedo a la cara, conocerlo, entenderlo y saberte su amo. Tener la capacidad de trascenderlo. ¿Cómo? Con la protagonista de este capítulo. Piensa en el miedo como si fuera una gripa: viene y va, pero se puede controlar y hasta prevenir si tomas suficientes vitaminas. La valentía es el antídoto que nos permite reactivar nuestro sistema, llenarnos de agallas, encarar el miedo y volvernos imparables.

A LO ÚNICO QUE HAY QUE TEMERLE ES AL MIEDO

Hace casi 20 años viví una de las experiencias que más me han marcado en torno a esta disputa entre dominar o dejarse dominar por el miedo. Mi nombre apenas comenzaba a sonar. Acababa de lanzar Simitel, una empresa que desarrollaba tecnología para *call centers*, cuando recibí la invitación para participar en Espacio Vanguardia, un evento que tendría lugar en Veracruz y en el que compartiría micrófono con un par de emprendedores que admiraba (y continúo admirando), Martha Debayle y Pablo Elizarrarás; me causó gran ilusión. Como maestro de ceremonias estaría César Pérez Barnés, quien además en ese entonces era director de Endeavor México, organización dedicada a impulsar y catalizar el crecimiento de emprendedores, en la cual, además, recientemente me habían aceptado.

«Será una mesa redonda sobre emprendimiento», dijeron los organizadores. «Acepto», contesté sin darle más vueltas, pues por el miedo que tenía en ese entonces a hablar en público, fue un alivio saber que el formato del evento refería a un diálogo entre colegas y no a la barbarie que para mí suponía hablar solo frente a una audiencia.

Al llegar a Veracruz nos recibieron dos camionetas Suburban y nos llevaron al World Trade Center de Boca del Río, en donde se llevaría a cabo el evento. Hasta ese momento yo seguía creyendo que se trataría de una mesa redonda con máximo un par de docenas de personas como público; no sabía que estaba a pocos minutos de enfrentarme a lo que hasta el día de hoy considero uno de los momentos más reveladores —y digámoslo, aterradores— de mi vida.

En cuanto entramos al recinto donde se encontraba el auditorio pude ver que había alrededor de 800 personas en la audiencia. Los nervios empezaron a hacerse presentes, pero intentaba mantener la calma recordándome una y otra vez que lo único que yo tenía que hacer era sentarme en una mesa a responder las preguntas del moderador e intercambiar algunas ideas, solo eso. Logré calmarme.

Entramos a un cuarto de espera en el que mientras disfrutábamos de unos canapés, podíamos seguir lo que ocurría en el evento a través de unas pantallas. De pronto, me percaté de que todos los ponentes que habían pasado lo habían hecho totalmente solos. Ni mesas redondas ni foros de discusión, simplemente se habían parado frente a esa colosal audiencia y habían comenzado a hablar y a responder sus preguntas.

«A mí me invitaron a una mesa redonda, ¿sí va a funcionar así?», me apresuré a preguntar. «Cambiamos el formato, ahora son conferencias», contestaron.

En ese momento sentí cómo se me revolvía el estómago. ¿Qué le iba a decir a esa gente? No tenía absolutamente nada planeado. Sentía cómo me sudaban las manos y la boca se me resecaba, pero poco había por hacer, ya estábamos a escasos minutos de salir.

«Y con ustedes: Martha Debayle, Marcus Dantus y Pablo Elizarrarás», dijo César. Escuché el vitoreo de la audiencia. ¿Y ahora? ¿Digo que me enfermé? ¿Me voy corriendo? Por mi mente pasó de todo, pero al final decidí salir y enfrentar la situación.

Lo primero que hice al pisar el escenario fue acercarme a César y decirle rápidamente, y en corto, que eso no era lo que yo esperaba. Si él lo sabía, pensé, quizá no me daría la palabra a mí primero y así tendría chance de ver qué hacían los demás para intentar imitarlos o improvisar algo. Era el plan perfecto para salvarme de la humillación que, de iniciar yo, creí que sucedería.

«No te preocupes», me dijo César. «Dejaremos que Martha empiece, y con base en lo que diga, tú le sigues». Me pareció una idea razonable, por lo que, aunque el miedo aún estaba presente, escuchar su respuesta lo aminoró de forma considerable.

Como estaba planeado, César le dio la palabra a Martha, quien con toda seguridad comenzó a saludar a la audiencia eufórica que nos daba la bienvenida. De repente, algo inesperado ocurrió. «¿Qué les parece si comenzamos con Marcus?», dijo Martha.

No sé bien cómo pasó, pero de pronto ya tenía el micrófono en las manos y un foro lleno, atento a lo que yo estaba a punto de decir. Sin pensarlo mucho más, sonreí, y con voz temblorosa salieron las primeras palabras de mi boca: «Ehh... Hola, soy Marcus Dantus». Y así, poco a poco, todo comenzó a fluir.

Tuve que tomar una decisión muy rápida y comenzar a hablar. La sorpresa de Martha no me dejó titubear. En lugar de enfocarme en los nervios, que por supuesto aún sentía, tuve que concentrar mi energía en aquello que sabía que toda esa gente había ido a escuchar: mi historia.

Cuando me di cuenta, ya habían pasado más de 10 minutos y yo seguía hablándoles a esas 800 personas como si fueran una. Al terminar, solo pude pensar en dos cosas: la primera, que pararme frente a un grupo de personas y compartirles mi experiencia y conocimiento me llenó de una gratificación tal, que quería volver a hacerlo. Irónico, ¿cierto? Lo que antes era mi mayor temor, ahora es una de mis grandes pasiones. Es más, ¡ahora doy conferencias con regularidad!

La segunda reflexión fue que si Martha hubiera hablado primero ese tiempo no lo hubiera ocupado en idear una gran conferencia, sino que, por el contrario, me hubiera dado espacio para generar ansiedad, lo que a su vez me hubiera hecho simplemente incapaz de controlarme y vencer el miedo.

Fue ahí cuando finalmente entendí que **a lo único que hay que temerle es al miedo mismo.** Desde entonces me he dedicado a vencer todos mis miedos, uno a la vez.

DEL MIEDO Y LA ANSIEDAD

Todas las personas que hoy admiramos, desde héroes históricos como el ya mencionado Nelson Mandela y activistas como Martin Luther King, hasta emprendedores e innovadores como Steve Jobs y Jeff Bezos, todos han sentido —y sienten— miedo. Una persona exitosa que se jacte de estar libre de miedo no está siendo sincera.

El físico y emprendedor Elon Musk ha hablado sobre el miedo un par de veces. En una entrevista con el bloguero estadounidense Sam Altman dijo:

> «SIENTO MUCHO MIEDO, PERO HAY MOMENTOS EN LOS QUE SI ALGO ES LO SUFICIENTEMENTE IMPORTANTE, A PESAR DEL MIEDO TE ATREVES A DAR EL PASO PARA CONSEGUIRLO».

Es más, en otra ocasión Musk compartió que cuando era pequeño le temía a la oscuridad. Sin embargo, al analizar con mayor detenimiento de qué se trataba eso que tanto terror le causaba, entendió que era «*solo* la ausencia de fotones en el espectro de longitud visible», lo que, según narra, le hizo comprender que era «muy tonto estar asustado *solo* por la falta de fotones». Más allá de lo fácil o difícil que sea comprender la presencia o ausencia de fotones, esta pequeña anécdota saca a relucir **dos aprendizajes que considero valiosísimos: primero, la importancia de reconocer nuestros miedos y, segundo, lo necesario que es entenderlos para quitarles su poder.**

Aunque algunos miedos se nos presentan desde la niñez, otros se desarrollan con el tiempo; lo cierto es que, sin importar su origen temporal, el miedo es una emoción propia de todos los seres humanos. Paul Ekman, psicólogo estadounidense, incluso lo cataloga como una de nuestras seis emociones básicas, junto con la alegría, la tristeza, la ira, la sorpresa y el asco. Sí, el miedo es natural cuando actúa como mecanismo de defensa que nos advierte de algún riesgo o peligro inminente, el famoso «pelea o huye», que se remonta a nuestros ancestros de las cavernas: o peleas contra el león, o sales corriendo para salvarte. Sin embargo, dejar que el miedo nos domine cuando no se trata de una situación de vida o muerte no es natural.

Si dejamos que nuestra mente acumule miedos y les permitimos controlarnos, llegamos a un punto conocido como «ansiedad», o, como a mí me gusta llamarle, «el miedo a tener miedo». No obstante, la ansiedad también tiene un punto a su favor, como lo explica el psicoterapeuta cognitivo Albert Ellis, al reconocer dos tipos de ansiedad: la sana y la insana.

La ansiedad sana es aquella que antes de cruzar la calle, por ejemplo, nos obliga a voltear a ambos lados para asegurarnos de que ningún coche pondrá nuestra vida en peligro; es decir, aquella que nos detiene de tomar una decisión que nos pondría en riesgo, lo que a su vez permite preservar la especie humana. Por otro lado, la ansiedad insana es la que hace que pase por nuestra cabeza un centenar de escenarios fatídicos en los que exacerbamos todo eso que puede salir mal; son los famosos «y si...»: ¿Y si mientras espero a que sea hora de cruzar, una motocicleta se desvía y me arrolla? ¿Y si propongo algo y me despiden? ¿Y si me atrevo a emprender y nadie quiere invertir en mi negocio?

Este tipo de ansiedad, la insana, es el obstáculo más grande del que he sido testigo a lo largo de mi vida. He visto a muchas personas talentosas quedarse ahí, paradas en la acera, sin dar un solo paso por miedo a que algo terrible les ocurra. Y peor aún, he visto a otros tantos que no se atreven ni siquiera a salir de sus cobijas porque hace frío afuera. **La parálisis por ansiedad o el miedo al miedo es, sin lugar a dudas, la principal causa para no**

lograr cosas extraordinarias, pues limita nuestro actuar, nos impide aprender y, por lo tanto, crecer.

VALE LA PENA TOMAR RIESGOS

No es lo mismo tomar riesgos que poner tu vida en riesgo, y ser valiente tampoco es lo mismo que ser audaz. Por un lado, la valentía es esa determinación que nos empuja a hacer algo que pocos se atreven a hacer, por el miedo que implica exponerse al peligro de dicha acción. Siguiendo la línea que plantea Ellis, se puede decir que alguien que se atreve a cruzar la calle cuando el semáforo de los autos sigue en verde es una persona valiente, pero no es una persona audaz.

Por el contrario, alguien que calcula los riesgos, evalúa las posibilidades y toma una decisión que le permite llegar a su destino más rápido, y de la manera más segura posible, es más bien audaz. Calcular riesgos no es cuestión de aritmética, sino de valorar los efectos tanto inmediatos como a largo plazo que dicha decisión puede traerle a tu vida. Esto, por supuesto, no impide que algo malo le suceda al audaz, pero sí disminuye el riesgo al que se expone, y así minimiza la posibilidad de que haya una consecuencia negativa.

Al calcular y minimizar riesgos las personas audaces se atreven a probar actividades y situaciones nuevas —e incluso desconocidas— que tienen, como consecuencia, un crecimiento personal.

> Mi primer consejo siempre será: *atrévete*. Atrévete a crecer, a tomar riesgos, a romper con todo eso que conoces y temes. Para tener éxito no puedes resignarte a la mediocridad, dejando que el miedo a sobresalir y al qué dirán domine tus acciones y paralice tu progreso, tu aprendizaje. A final de cuentas, todos deberíamos de preferir arrepentirnos de algo que intentamos y no de algo que nunca probamos.

Ser exitoso demanda tomar riesgos, y tomar riesgos exige que salgamos de ese espacio físico o mental en el que nos sentimos seguros, conocido también como **zona de confort**, donde ya nada nos reta, donde sabemos a ciencia cierta cómo funciona la cosa. Sin embargo, la comodidad que sentimos en nuestra zona segura en realidad nos impide aprender nuevas lecciones, expandir nuestro aprendizaje, prosperar y trascender. Salir de ella exige que seamos valientes, por supuesto, pero también requiere que seamos audaces, pues si bien es cierto que la valentía nos da las agallas, la audacia es la que nos enseña a canalizarlas.

> «EL ÉXITO ES LA CAPACIDAD DE IR DE FRACASO EN FRACASO SIN PERDER EL ENTUSIASMO», decía Winston Churchill.

Decirlo es más fácil que hacerlo, claro está. De hecho, uno de los miedos más comunes es el miedo al fracaso, cuando la realidad es que el fracaso no solo es inevitable, sino que es necesario para llegar al éxito. Por eso, es importante que borres de tu cabeza la idea de que el fracaso es algo negativo, y comiences a verlo como una oportunidad de aprendizaje. La única manera en la que el fracaso está condenado a ser llamado como tal es cuando no concientizamos y abstraemos la lección que trae consigo. Y ojo, a veces esta es más visible que otras, pero siempre hay una. Más adelante en el libro hablaremos de ello.

LOS MIEDOS PUEDEN TRABAJARSE

Ahora, te tengo una buena noticia. Los miedos no son eternos y pueden superarse. La glosofobia, el miedo a hablar en público, no era ni es mi único temor, hay muchos otros miedos con los que he tenido que lidiar a lo largo de los años. Hacerlo no ha sido sencillo, pero hoy soy prueba viva de que sí es posible convertir algo que actualmente te frena en un propulsor.

> **Hay tres pasos que considero esencial seguir siempre que tengas que enfrentarte a un miedo:**

1) **Reconocer el miedo.** Encuentra qué es eso que te atormenta, en qué medida lo hace y sobre todo por qué te afecta tanto.
2) **Querer enfrentar el miedo.** De nada sirve tener claro cuál es tu miedo si no estás dispuesto, en cuerpo y alma, a superarlo.
3) **Trabajar el miedo.** Esta es quizá la parte más complicada pero la más importante del proceso. Trabajar tu miedo es difícil porque requiere tiempo, determinación, constancia y compromiso, pero, como todo lo que demanda esfuerzo, vale la pena.

Trabajar sobre un miedo exige confrontarlo una y otra vez, aunque sea mentalmente. Una alternativa es pensar en el peor escenario (¿qué es lo peor que puede suceder?) y calcular la probabilidad de que ese terrible hipotético suceda. Darte cuenta de que esa probabilidad es baja, por lo general muy baja, incrementará tu confianza. Algo parecido a lo que le ocurrió a Musk con la oscuridad.

Otra manera de combatir los miedos es con la habituación. Se trata del proceso por el que, ante un estímulo repetido, la respuesta es cada vez menos intensa. Es como «domar» el sistema nervioso para que reaccione con menor intensidad al exponernos varias veces a aquello que tememos. Así, al vivir en un entorno controlado algo que en un inicio podría generar un *shock* al sistema nervioso en repetidas ocasiones se va perdiendo el factor sorpresa, y luego, el miedo.

Yo estudié Comunicación y terminé especializándome en Cine en la Universidad de Pensilvania, y siempre que hablo sobre habituación viene a mi cabeza un profesor al que le gustaba ponernos una película de Luis Buñuel, uno de los mejores directores de cine surrealista, en colaboración con Salvador Dalí, llamada *Un Chien Andalou* (*Un perro andaluz*).

En la primera escena se ve a un hombre que sale a un balcón y afila una navaja de rasurar para luego regresar a la habitación y rebanar el ojo de una mujer que simplemente mantiene la calma y el ojo abierto durante todo el proceso, pero justo cuando va a hacerlo, la escena corta y entra la imagen de una nube delgada atravesando la luna horizontalmente. Cuando vimos la escena por primera vez, todos los alumnos estábamos atónitos aguardando con bastante nerviosismo el momento en el que el hombre cortaría el ojo de la mujer con aquella navaja. Naturalmente, con la pausa de la nube nos relajamos pensando que ya no tendríamos que presenciar semejante acto, pero, de pronto, de manera inesperada, la escena regresa al ojo y este es cortado por la navaja, ocasionando una herida de la que borbotea un líquido grotesco. Te doy un momento para procesarlo. Sí, es tan terrorífico y asqueroso como suena.

Esta escena, sin duda, está hecha con todo el propósito de provocar ansiedad en el espectador, y vaya que lo logra. Pero estábamos en una clase de cine, y ahí se trataba de analizar todo, corte tras corte. El profesor comenzó a pasarnos la escena del ojo una y otra vez, hasta que se volvió tan familiar como cualquier otra. Sobra decir que después de verla tantas veces se aminoró la ansiedad de los estudiantes hasta el punto de perder por completo la sorpresa y conmoción que sentimos al inicio. La habituación dominó por completo el efecto de ansiedad que la escena había causado en un principio, y eso mismo es lo que sucede cuando vencemos un miedo por habituación.

Aquí te dejo el QR con la escena por si eres lo suficientemente audaz para echarle un vistazo:

JUTZPÁ: LA DOSIS DE AUDACIA QUE NECESITAS

Quizá el mejor ejemplo de audacia, citado por varios textos de emprendimiento, es el caso de la *jutzpá* israelí. En ocasiones, *jutzpá* —u osadía— es considerado un término peyorativo que típicamente hace alusión a la falta de respeto o impertinencia, sin embargo, es el elemento secreto que ha hecho que la sociedad israelí sea mucho más emprendedora e innovadora que cualquier otra nación en el mundo. Pero ¿por qué?, ¿qué tiene de especial la *jutzpá*?

Los israelíes, en su mayoría, carecen de vergüenza y por lo regular se atreven a hacer y decir lo que sea, sin filtro, y con poca diplomacia. Son inconcebiblemente directos en su manera de hablar. Como es de esperarse, esto les ha valido un sinnúmero de conflictos y confrontaciones, pero también los ha hecho llegar muy lejos.

A falta de miedo al fracaso, los israelíes tienden a arriesgarse significativamente más que cualquiera, lo que se ha traducido en logros increíbles. En tan solo 73 años de la creación de este diminuto país, con un área menor que la de Belice o El Salvador, con la mayor parte de su territorio localizado en un desierto, sin recursos enriquecedores como petróleo u oro, con un pequeñísimo mercado interno y rodeado de países vecinos, mayormente enemigos y con los que no mantiene acuerdos comerciales, ha logrado acumular 12 premios Nobel, posicionarse entre los 10 países más innovadores del mundo de manera constante y ser reconocido como la nación de las *startups*, creando más empresas innovadoras per cápita que cualquier otro país del mundo.

Para los israelíes no hay ningún tipo de ignominia en el fracaso; saben que es inevitable para aquellos que toman riesgos, y por eso nunca lo toman como algo personal o definitorio. **No tienen miedo a fallar. Esa mentalidad es, sin lugar a duda, llave y clave del éxito.**

Aplicar la *jutzpá* a tu vida diaria en el plano tanto personal como profesional es cuestión de conocimiento, mismo que ya tienes aquí, y de voluntad, la cual encuentras solo en ti. En pocas palabras: simple y sencillamente tienes que animarte a hacerlo.

> **Quiero asegurarme de que, si algo te vas a llevar de este capítulo, sean estas dos valiosas enseñanzas del pueblo israelí:**
>
> 1) **El miedo al fracaso debe dejar de ser un obstáculo para conseguir tus triunfos.** Recuerda que si te atreves a emprender un negocio y sale mal, ese no es el fin, sino un paso más en tu camino hacia el éxito. En todo fracaso hay una lección, recuerda que es parte importante del proceso.
>
> 2) **Atrévete, sobre todas las cosas, atrévete.** Sé valiente sabiendo que no hay golpe que no te puedas sobar, ni peor acción que la que no se hace. Levántate de la cama y sal a darles forma a tus ideas, a tus metas... a ser exitoso. No importa qué tan chiquito sea el paso que des hoy, ya estarás más cerca que antes. Como atinadamente dijo el genio y padre de Mickey Mouse, Walt Disney: «Todos nuestros sueños pueden hacerse realidad si tenemos el coraje de perseguirlos». Este es solo el principio, estimado lector, pero recuerda que de paso en paso, y de audacia en audacia, es como se logra ser exitoso.

APRENDIZAJE
para llevar

La vida se compone de decisiones. Las personas exitosas sintieron y, en ocasiones, aún sienten miedo, la diferencia es que ellas eligieron y todavía eligen atreverse, deciden ver el fracaso como una oportunidad, y optan por controlar sus miedos para que estos no las controlen a ellas.

QUÉ SÍ Y QUÉ NO

LO QUE SÍ	LO QUE NO
• Identifica tus miedos.	• Tenerle miedo al miedo, es decir, dejar que la ansiedad se dispare.
• Calcula los riesgos que existen y que sustentan dichos miedos.	• Pensar en escenarios fatales e irreales.
• Reflexiona si de hacerse realidad alguno de esos miedos, podrías enfrentarlo.	• Sacar de proporción la situación.
• Párate de la cama y sal a enfrentar ese miedo.	• Dejar que tus miedos dominen tus pensamientos y acciones.
• Entiende que, si todo sale bien, saldrás beneficiado, y si sale mal, aprenderás y crecerás.	• Darles más peso a las cosas que pueden salir mal en lugar de enfocarte en lo que puede salir bien.
• ¡Sal de tu zona de confort y dale forma a eso que sueñas cada noche!	• Ver el fracaso como lo peor. No lo es.

EJERCICIO

ENFRENTAMIENTO EN VIDA REAL

En este ejercicio te enfrentarás de manera gradual pero repetida a situaciones reales que has estado evitando y que reprimen la valentía que necesitas para alcanzar el éxito. Estas situaciones probablemente sean cosas que la mayoría de las personas considera «normales» o «seguras», pero que por una u otra razón te provocan ansiedad.

Haz una lista

Toma lápiz y papel y enlista las situaciones, los lugares u objetos a los que les temes. Por ejemplo, si temes salir solo de tu casa, subirte a un avión o a un elevador, meterte al agua, todo eso debe encontrarse aquí. No escatimes, pon absolutamente todo lo que puedas identificar. Recuerda que ningún miedo es tonto y que esto, a fin de cuentas, es para beneficio tuyo.

Jerarquiza tus miedos

Una vez que hayas hecho tu lista, ordena las situaciones que temes de la menos a la más aterradora. Puedes hacerlo calificando cuánto miedo tienes por cada situación en la lista del 0 al 10, donde 0 sería que no le tienes nada de miedo, y 10 que le tienes un miedo extremo.

Confronta tus miedos

Comienza con la actividad que menos te provoque ansiedad y repítela hasta que comiences a sentirte menos ansioso al hacerla.

Trata de permanecer en la situación durante un periodo prolongado (por ejemplo, una situación social incómoda); permanece en ella el tiempo suficiente, concéntrate en los aspectos positivos y aléjate de los negativos. Evita centrar tus pensamientos en el miedo *per se*, esto hará que tu ansiedad disminuya notablemente.

Si la situación es de corta duración, te recomiendo hacerla incluso más seguido. Repítela una y otra vez durante un número determinado de veces, hasta que te sientas más cómodo haciéndola.

Una vez que conquistes el punto más «fácil» de tu lista, pasa al siguiente, y así sucesivamente hasta que termines con todos.

La ansiedad requiere mucha energía, por lo que, al enfrentarla con frecuencia, te vas acostumbrando. Poco a poco va disminuyendo, pues vas dejando la ansiedad sin suministro, «sin gas».

Practica

Practica regularmente. Algunos pasos se pueden practicar a diario (como subirse al elevador que tanto miedo te provocaba, saludar a un extraño, etc.), mientras que otros solo se pueden hacer de vez en cuando (como cantar en público o subirse a un avión). Sin embargo, cuanto más practiques, más rápido se desvanecerá el miedo.

Aun a sabiendas de lo que has logrado, no olvides seguir poniéndote en situaciones a las que antes temías. Incluso cuando ya te sientas cómodo haciendo algo, sigue exponiéndote a eso de vez en cuando, de este modo no reincidirás en tus temores. Por ejemplo, si has superado el miedo a las agujas, intenta donar sangre cada seis meses, para que tu temor no regrese.

PROPÓSITO

2

TÍRALES A LAS ESTRELLAS Y LES PEGARÁS A LAS MONTAÑAS.

Dicho popular

«Una persona sin propósito es como un barco sin timón», dijo el filósofo escocés Thomas Carlyle, y no se equivocó. Tener un propósito es crucial para evitar naufragar o navegar en círculos, es la brújula que te dará norte y el mapa que te dará sentido. Seguro ya intuyes qué significa tener un propósito. Pero, antes de llegar a ello, hay otro elemento que es importante tener presente y que, naturalmente, te ayudará a hallar o empujar dicho propósito: la ambición.

La ambición, en términos generales, es la fuerza que hace que los seres humanos se muevan; así de simple y así de complejo. Es aquello que nos impulsa a fijarnos un propósito en primer lugar, pues de nada sirve que tengas clarísimo lo que quieres lograr, si no tienes el motor que te lleve a trabajar duro para conseguirlo. Ese motor es precisamente la ambición.

Solemos creer que alguien que tiene talento en automático será exitoso. Nada más lejos de la verdad.

> El talento es un recurso que sin duda facilita el camino, pero aun la persona más talentosa del mundo está destinada a fracasar si no tiene y fortalece ese ímpetu que la lleve a soñar y a escalar la cima a la que aspira llegar, y si no tiene sumamente claro cuál es esa cima.

PENSAR EN GRANDE PARA LLEGAR LEJOS

Te lo diré simple y conciso: pensar en grande permite que tu propósito sea grande también. Ponerles techo a nuestros sueños solo nos imposibilita imaginar más allá, y, por lo tanto, lograr cosas verdaderamente significativas queda fuera de nuestro alcance.

Ninguno de nuestros héroes ni nadie que haya marcado una diferencia sustancial en este mundo lo ha logrado con una mentalidad pequeña. **El éxito es para quienes tienen las agallas de poner en su cabeza pensamientos que los desbordan, que los motivan y los hacen vibrar cada día.** Recuerda lo que dijimos en el capítulo anterior, que para ser exitoso lo primero que debes hacer es perder el miedo: el miedo a fallar, el miedo al proceso, el miedo a encontrar tu motor y a hacer realidad todo eso que algún día te dijeron que era imposible.

Una vez que (por fin) te atreves a dar ese paso y sales de tu zona de confort, lo que sigue es definir tu **propósito**. Pregúntate, además de la ambición, ¿qué es lo que te mueve a llegar a donde quieres llegar? Es decir, ¿para qué quieres hacer todo esto? Ahí está tu propósito.

Y es que más que un fin en particular, el propósito es un intangible que nos da la posibilidad de ser —o al menos percibirnos como— agentes activos y reales de cambio. Sin importar si el propósito es individual (para ti como persona) o colectivo (para una organización o empresa) este debe ser, siempre, el canal que te permita aportar al mundo, dejar un legado. Dicho de otra manera, **nuestro propósito marcará aquello por lo que queremos ser conocidos, reconocidos y recordados.**

DEL PROPÓSITO Y SUS COMPADRES

Ahora bien, el propósito tiende a confundirse fácilmente con sus parientes más cercanos: la misión y la visión. Venga, diferenciemos.

El propósito es lo que quieres lograr, la razón por la que haces las cosas, el por qué se crean o existen, la intención que subyace. Responde a las dudas: ¿Qué marca quieres dejar en esta vida? o ¿por qué la gente extrañaría lo que has creado? Los propósitos que trascienden típicamente están relacionados con crear un cambio positivo en el mundo o mejorar la vida de las personas de alguna manera. La misión, en cambio, es aquello que describe qué es lo que debes de hacer y cómo debes hacerlo para lograr tu propósito. Puede cambiar con el tiempo, aun cuando el propósito se quede estable, pues no define una meta final, sino el camino que tomarás para llegar a esa meta definida en tu propio propósito. El propósito de Apple, por ejemplo, es «crear productos que enriquezcan la vida diaria de las personas». ¿Cómo hacerlo? Como lo estipula su misión al «llevar la mejor experiencia de usuario a sus clientes a través de su innovador hardware, software y servicios», según ha expuesto Tim Cook, CEO de la compañía. A nivel personal, esto podría traducirse de la siguiente manera: primero busca qué es lo que quieres lograr y define tu propósito, digamos, «mejorar la salud de las personas a través de una alimentación más sana y accesible», y, en consecuencia, define tu misión. En el ejemplo mencionado podría ser: «crear una cadena de restaurantes de comida con ingredientes sanos y a precios bajos», por ejemplo.

Claro que una misión solita no es suficiente. Tanto en el terreno empresarial como en el de tu vida diaria debes preguntarte cómo vas a lograr que esa misión se concrete. ¿La respuesta? A través de objetivos y metas intermedias. Se trata de acciones específicas que debes cumplir para lograr tu cometido. En el próximo capítulo hablaremos un poco más sobre lo que son los objetivos SMART (específicos, medibles, alcanzables, relevantes y temporales, por sus siglas en inglés); en resumen, son acciones que pueden fijarse a corto, mediano o largo plazos, deben estar a tu alcance y su resultado debe ser siempre cuantificable. Por ejemplo, en el caso de Apple, entre sus objetivos probablemente encuentres vender x cantidad de iPhones durante el año y sacar x cantidad de productos nuevos en un periodo de cinco años. Siguiendo el ejemplo personal que abordamos en el párrafo anterior, quizá decidas que uno de tus objetivos sea cursar una maestría especializada en administración de restaurantes para aprender cómo funciona esa industria, encontrar proveedores locales de productos orgánicos que puedas utilizar en tus restaurantes o quizá contratar a los mejores nutriólogos para crear un menú único para tu clientela.

La visión, por su parte, recoge cómo es que tú (o la empresa) te ves a futuro. La visión normalmente se define a largo plazo, con un tiempo específico en mente (10, 15, o 20 años) y estipula lo que quisieras lograr en ese periodo. Retomando el ejemplo de Apple, su visión es «crear los mejores productos de la tierra y dejar el mundo mejor que como lo encontramos». El mañana de Apple es seguir enfocados en la creación de productos de impacto, de alta calidad, y lo seguirá siendo por mucho tiempo. Volviendo al ejemplo personal que hemos estado trabajando, tu visión podría ser «crear la cadena de restaurantes saludables más grande de Latinoamérica». Y no tengas duda de que, con trabajo duro, eso puede ser realidad.

Y así volvemos al punto cero: tu propósito. Este es mucho más profundo y trascendental que el resto de los conceptos que ya repasamos. Como te decía, el propósito es lo que impulsa todo. Es el terreno sobre el cual se construye el edificio. Sin él, los cimientos no son sólidos; es más, ni siquiera es viable fijarlos. Antes de definir un destino debes tener claro cuál es el motivo detrás de todo, de lo contrario no tendrá ningún sentido llegar ahí.

¿Qué es lo que te mueve? ¿Cuál es el impacto que quieres dejar en el mundo? La respuesta a estas preguntas te dirá tu propósito.

> Te recomiendo que tu propósito sea algo cualitativo. Si para ti el éxito se mide en el número de ceros en tu cuenta, la cual es una concepción de éxito válida, aunque no sea en particular la mía, recuerda que el dinero no es un propósito en sí, sino un medio para llegar a él. Piensa más bien para qué quieres el dinero... ¡ahí está tu propósito de verdad! Y aquí entre nos, con tu propósito en la mira podrás encaminar tus logros hacia él y, en algún punto, verás cómo el dinero cae solito. Con ambición, audacia, propósito y esfuerzo, no hay nada que quede fuera de tu alcance.

LA LEYENDA QUE LO ENTENDIÓ TODO

Un ejemplo perfecto de lo importante que es aterrizar un propósito y fortalecer tu ambición como amalgama para alcanzar el éxito es la historia de Michael Jordan, una leyenda del deporte que admiro muchísimo.

Desde sus inicios en la Universidad de Carolina del Norte, Jordan mostró un talento formidable para jugar basquetbol, lo que lo llevó a alcanzar ciertas metas, como ser fichado por los Bulls de Chicago en 1984. No obstante, convertirse en el héroe del baloncesto no solo de una ciudad, sino del mundo entero, conllevó muchísimo más que solo técnica y soltura en la cancha.

Pese a su corta edad —21 años en ese entonces—, Michael sabía que si quería destacar del resto de los jugadores de la liga, debía ser diferente, mejor. En *The Last Dance*, serie documental que produjo Netflix sobre la trayectoria del jugador, Roy Williams, asistente del entrenador de la Universidad de Carolina del Norte, narró que en una ocasión Michael se le acercó y le dijo que quería ser «el mejor jugador de basquetbol de nuestra historia», a lo que este le contestó que, si así era, debía trabajar más duro de lo que había trabajado hasta entonces.

—Pero he trabajado como los demás —replicó Jordan.

—Perdón, ¿no querías ser el mejor jugador de la historia? —le recordó Williams, a lo que el joven jugador contestó:

—Ya verás, nadie nunca trabajará tan duro como yo.

Esa determinación y compromiso con los que Jordan abrazó su causa y se dispuso a hacerla realidad no fueron coincidencia, fueron producto de una ambición sólida, una misión bien trazada (convertirse en el mejor jugador de basquetbol de la historia) y un propósito claro: redefinir, en última instancia, lo que significaba ser un deportista. Y vaya que lo hizo: básicamente fue la primera superestrella del deporte, y creó el paradigma de lo que hoy conocemos como mentalidad ganadora.

> «DESDE EL PRIMER DÍA EN LOS BULLS, MI MENTALIDAD ERA QUE FUERA QUIEN FUERA EL LÍDER DE ESE EQUIPO, YO IRÍA POR ÉL. Y NO LO HARÍA CON MI VOZ, PORQUE NO TENÍA VOZ, NO TENÍA ESTATUS… DEBÍA HACERLO JUGANDO».
> Michael Jordan

Encuentro este ejemplo tan valioso porque refleja perfectamente tres lecciones que mucha gente suele olvidar. La primera, que **la determinación debe ser algo que conduzca tu actuar diario, pues solo esta te dará la disciplina y constancia para hacer realidad tu propósito y, entonces, ser exitoso.**

La segunda, que **no importa cuán grande sea el propósito que tengas, inevitablemente debe estar acompañado de este empuje que llamamos ambición,** ya que será la responsable de llevarte a soñar fuera de este mundo, y al mismo tiempo te dará las herramientas para derribar las fronteras físicas y mentales para llegar hasta ahí.

La tercera, como ya lo vimos, es que **el éxito no es algo que se consigue una vez y ya, sino que es algo que se cultiva día con día.** Imagínate que Michael nos hubiera dado un partido excepcional, el mejor en muchísimos años, y enseguida se hubiera retirado. ¿Lo considerarías tan exitoso como ahora?

MI PROPÓSITO Y CÓMO PODEMOS ENCONTRAR EL TUYO

Encontrar mi propósito ha sido un largo proceso que ha tenido mucha introspección de por medio. El resultado fue interesante, pues descubrí que lo que realmente me motivaba a trabajar y vivir eran tres cosas: usar mis habilidades para cambiar y mejorar el mundo, convertirme en una persona con el suficiente reconocimiento e influencia para generar cambios importantes y positivos en mi entorno próximo. Y en la base de todo, vivir feliz durante el día y dormir tranquilo en las noches.

Sí, ser feliz y hacer feliz a la gente que me rodea compartiendo mi voz y ayudándola a cumplir sus sueños, y por otro lado, dormir con la conciencia tranquila. Esto último se dice fácil, pero en un mundo como el nuestro tiene su complejidad.

Ahora bien, ¿cómo puedes encontrar tu propósito? La base de todo es la reflexión y la experimentación: tienes que vivir y acumular suficientes experiencias para determinar qué es lo que sí quieres conseguir y qué es lo que de plano no, y tienes que reflexionar, reflexionar mucho, para poder delimitarlo.

Usa estas cuatro preguntas para encontrar tu propósito:

1) **¿Por qué?** ¿Por qué quieres hacer una diferencia importante?
2) **¿A quién?** ¿A quién(es) vas a impactar?
3) **¿Cómo?** ¿Cómo lo(s) vas a impactar?
4) **¿De qué modo?** ¿De qué modo lograrás ese impacto?

CONOCER TU PROPÓSITO PUEDE LLEVARTE A REVOLUCIONAR EL MUNDO

Hace unos años, para un par de amigos en el país vecino del norte esto fue muy claro. A finales de la década de los noventa Larry Page y Sergey Brin transformaron el mundo desde su dormitorio en Stanford. El cómo no es ningún secreto. Con valentía, propósito y ambición se propusieron construir un motor de búsqueda que poco después se convertiría en una de las empresas consentidas de Silicon Valley y de cualquier cibernauta: **Google.**

Lo increíble de Google, además de su historia de éxito, es la manera en la que esta dupla articuló y ensambló los dos grandes elementos de los que hemos hablado en este capítulo. Por un lado, Page y Brin sabían que la caótica cantidad de material que circulaba en internet debía y podía ser recopilada y organizada, pero detrás de eso, tenían, según ha dicho Brin, un propósito más grande: mejorar el mundo organizando la vida de las personas. Suena loco, incluso pareciera utópico, pero seamos honestos, ¿qué mejor que despertar y tener en mente que estás trabajando no por algo tan ordinario como el dinero, o tan efímero como la fama, sino por algo tan poderoso como esto?

Ese propósito apasionante que estos universitarios compartieron en 1995, aunado a su ambición por hacerlo realidad, dio como resultado el hito digital que hoy conocemos y que les permitió ayudar a miles de personas, crear una de las empresas más grandes del planeta, ganar muchísimo dinero y cumplir con su cometido indirecto: participar en crear un mundo mejor.

Como bien lo demuestra el caso de Google, el propósito de una empresa, o de una persona, debe ir siempre más allá de la empresa misma. Muchas compañías cometen el error de creer que basta con enfrascar su entorno en unas cuantas líneas que expliquen su misión y visión y que luzcan bien en su página web, pero tienden a olvidar que **es la empresa la que debe acomodarse al entorno, y no al revés.**

Se trata, más bien, de algo tan profundo como explicar cuál es el objetivo que tenemos ante el mundo. Necesitamos un propósito que nos motive a dar nuestro máximo para vivir, no solo para existir (enorme diferencia).

DISPARA TU FLECHA

Pensar en la ambición y en el propósito es como pensar en lanzar una flecha. Si tu propósito es que la flecha llegue a la montaña, debes disparar en esa dirección. Pero mientras el propósito es lo que te hace saber hacia dónde direccionar tu flecha, es tu ambición la que te impulsa a apuntarle a la cima. (Y claro, tu audacia es la que te lleva a tomar el arco y la flecha en primer lugar).

No te preocupes por apuntar tu flecha alto y no llegar, ni por que otros te juzguen de «loco» o idealista, mejor asegúrate de que tanto la dirección de tu flecha como el destino de tu viaje sean algo que te rete lo suficiente para hacer de tu trayecto algo memorable. Al final, puede que la flecha no llegue, pero puede que sí, y sin duda algo aprenderás en el camino.

APRENDIZAJE
para llevar

Antes de empezar a viajar necesitas brújula, necesitas un motivo, un propósito. El propósito hará que tu vida sea emocionante y te den ganas incontrolables de vivirla cada día. La ambición será el mejor cómplice para hacer esto posible. Deja que la ambición sea esa bebida energizante que te haga correr con fervor, y el propósito, el que te indique hacia dónde está la línea de meta.

QUÉ SÍ Y QUÉ NO

LO QUE SÍ	LO QUE NO
• Reflexiona y aterriza tu propósito antes de dar cualquier paso.	• Ir por la vida sin propósito, que sería lo equivalente a manejar un coche sin volante.
• Usa la ambición como un motor y propulsor en tu camino.	• Redactar una serie de metas, objetivos, misiones y visiones sin antes tener claro cuál es el fin de lo que quieres lograr.
• Haz que propósito y ambición caminen de la mano y junto a ti, no hay combinación más poderosa.	• Tener un propósito material, como el dinero. Recuerda que ese más bien es un medio para llegar a un fin.
• Verifica que tu misión, visión y metas estén alineados a tu propósito, mas no se hagan pasar por este.	

EJERCICIO

ENCUENTRA TU PROPÓSITO

Te voy a compartir un ejercicio para ayudarte a definir tu propósito de vida, basado en el diagrama del astrólogo español Andrés Zuzunaga. Se trata de un diagrama de Venn que ha sido retomado y perfeccionado con los años y que refiere a una recreación del *ikigai* japonés, es decir, tu razón de vida, tu propósito. Empecemos.

Piensa en tu vida como una estructura compuesta por cuatro pilares: lo que te gusta o amas, para lo que eres bueno, lo que el mundo necesita y la cantidad de dinero que te pueden pagar por hacerlo. Tal como se muestra en el siguiente diagrama, la idea es que encuentres tu propósito en la intersección de estos cuatro pilares:

Los pasos son los siguientes:

- Satisfacción con un sentimiento de inutilidad
- Deleite y plenitud pero sin generar riqueza
- Lo que AMAS
- PASIÓN
- MISIÓN
- Lo que HACES BIEN
- PROPÓSITO
- Lo que el mundo NECESITA
- PROFESIÓN
- VOCACIÓN
- Lo que puede generarte DINERO
- Comodidad pero con sentimiento de vacío
- Emoción y complacencia pero con incertidumbre

Lo primero es responder las siguientes preguntas. Toma lápiz y papel y agrupa tus respuestas según la categoría a la que pertenezcan. Puedes, por supuesto, tener más de una respuesta en cada una de ellas:

a. **¿Qué es lo que amas?** Piensa en aquello que te gusta hacer, que te apasiona y que te llena el pecho cuando lo haces.
b. **¿Qué haces bien?** Haz un ejercicio de introspección que te permita detectar, objetivamente, eso que se te facilita y para lo que en verdad eres bueno.
c. **¿Qué necesita el mundo?** Reflexiona sobre los problemas y las necesidades que tiene el mundo y acótalo a esos que más te duelen o te afectan. Ahora, identifica en cuál de ellos podrías aportar. Esto habla de tu misión.
d. **¿Cómo te pagarían?** Valora lo que la gente estaría dispuesta a pagar por lo que traes a la mesa. Apóyate en lo que ofrece el mercado dentro del campo que quieres ejercer y piensa en las recompensas cualitativas que también podrías llegar a obtener. Esto último refiere a tu vocación.

No hay prisa. Como cualquier decisión importante, es mejor que te tomes tiempo de hacer el ejercicio con calma, a conciencia. Anota tus ideas conforme vayan surgiendo, sin importar lo ridícula o equivocada que pueda sonar alguna en su momento. No te juzgues.

También procura ser totalmente honesto contigo. No siempre es fácil ser objetivo al hacer un ejercicio de introspección, pero intenta serlo. En este punto es totalmente válido apoyarte de gente que te conoce: familiares, amigos, compañeros de trabajo, etc. Sus aportaciones y retroalimentación pueden ayudarte a reconocer elementos adicionales desde otra perspectiva que serán de gran utilidad para conocerte mejor y definir lo que realmente buscas.

> Lo siguiente es mapear tus respuestas en el mismo diagrama. Recuerda que esto es un proceso y no debes presionarte para terminarlo rápidamente, ni frustrarte en caso de no obtener respuestas que te satisfagan en los primeros intentos. Asimismo, es importante que entiendas que este es un documento que cambiará con el tiempo y a medida que lo vayas probando.
>
> Dicho esto, primero mapea las cuatro preguntas que revisamos en el paso número uno, para luego buscar cosas que se intersecten en las cuatro grandes secciones que confluyen en el diagrama: pasión, misión, profesión y vocación. Tomando estas en cuenta, el objetivo es que construyas un propósito de vida, mismo que colocarás en el centro para recordar que tu propósito debe contemplar los cuatro pilares ya mencionados.
>
> Una vez terminado, revísalo y examina si realmente has captado tu esencia en el diagrama. De no ser así, puedes hacer los cambios que consideres necesarios antes de llegar a la versión final.
>
> Te comparto un ejemplo de mapeo que te puede funcionar como referencia:

EDUCADOR, COMEDIANTE, EJECUTIVO, VENDEDOR

Satisfacción con un sentimiento de inutilidad

Deleite y plenitud pero sin generar riqueza

Lo que **AMAS**
Viajar, conocer gente, enseñar, aprender, crear, emprender, vender, convencer, ganar

PASIÓN
Administración, manejo de proyectos, emprender, ventas

MISIÓN
Enseñar, emprender, ser creativo, vender

Lo que **HACES BIEN**
Estructurar, resolver, liderar, oratoria, dar resultados, escribir

Lo que el mundo **NECESITA**
Mayor prosperidad, justicia, meritocracia, equidad, educación, alegría

Dar conferencias, reorganización empresarial, planeación

Educar, conectar gente, hacer reír a la gente

PROFESIÓN

VOCACIÓN

Dar clases, organizar, planear, conectar gente, ayudar a otros, entretener

Lo que puede generarte **DINERO**

Comodidad pero con sentimiento de vacío

Emoción y complacencia pero con incertidumbre

48

Ya hiciste un autoanálisis, ya estructuraste tu diagrama, ahora es momento de llevarlo del papel a la acción, para tener un parámetro establecido que te permita ir midiendo resultados y sacar conclusiones.

Accionar implica que empieces a probar diversas actividades, empleos y enfoques durante algún tiempo, para ver si lo que definiste en el ejercicio anterior sí tiene sentido para ti. No olvides que lo importante es que sientas que encontraste algo que realmente te llena.

En caso de que al implementarlo en tu día a día no te haga tanto clic, no te apaniques, se vale regresar y replantear. De igual manera, recuerda que la gente cambia, y lo que hoy te acomoda puede que mañana ya no, por lo que es importante que evalúes si a medida que pasa el tiempo, tu diagrama sigue vigente o, por el contrario, conviene volver a hacer el ejercicio y repensar o ajustar el propósito anteriormente definido.

IMPORTANTE: Si determinas que tu propósito será distinto de lo que habías hecho hasta el momento, no temas buscar gente inmersa en la disciplina a la que te quieras enfocar o a personas que ya hayan hecho transiciones similares, todas ellas pueden aportarte mucho y alivianar tu proceso.

PLANEACIÓN

3

DONDE FALTA LA PREVISIÓN, FALTARÁ LA PROVISIÓN.

Dicho popular

Hay una frase de Antoine de Saint-Exupéry, autor de *El principito*, que es perfecta para iniciar este capítulo: «Un objetivo sin un plan, es solo un deseo». A pesar de que el escritor francés vivió durante la primera mitad del siglo XX, en esta línea logra envolver uno de los grandes problemas contemporáneos: la enorme brecha que existe entre tener una idea y ejecutarla.

Cerrar esta brecha —o deshacerse de ella— requiere tener presente y en acción lo que ya repasamos en los dos capítulos anteriores: audacia, propósito y ambición. Y créeme que llegar hasta este punto no es un logro menor, pero, lamentablemente, no es suficiente. Podemos ser muy valientes, dar ese salto que no nos atrevíamos a dar y manejar la situación con una audacia digna de héroe. Podemos también construir un propósito ya sea a nivel individual o corporativo, que nos llene más que los bolsillos y nos dé la ambición para remar todos los días hasta llegar a nuestro destino, pero la realidad es que **nuestro éxito está condenado a quedarse en un cajón si no somos capaces de traducirlo en un plan y luego en acciones concretas.**

PLANEAR LA PLANEACIÓN, AUNQUE SUENE RARO

Sí, por más raro que suene, planear también requiere planeación, pues precisa seguir una serie de pasos que aseguren o por lo menos blinden la efectividad de lo que sigue.

Por eso, antes de empezar a ejecutar un plan, es crucial hacer un análisis y autorretroalimentación que te permita determinar en dónde estás parado. Una herramienta sumamente útil para esta tarea es el conocido **análisis FODA**, que, como su acrónimo lo indica, consta de identificar tus fortalezas, oportunidades, debilidades y amenazas. Aunque es común encontrar este tipo de análisis a nivel institucional, es un ejercicio que también aplica a nivel personal.

> **OJO:** Para que este ejercicio funcione debes despojarte de todo sesgo y prejuicio y llegar hasta la médula de lo que eres como individuo u organización. Así que sé superhonesto; a fin de cuentas, es por tu propio beneficio.

Un error común al momento de realizar el FODA es confundir las fortalezas con las oportunidades y las debilidades con las amenazas, cuando en realidad buscan puntualizar cosas distintas. **Las fortalezas y las debilidades siempre serán de carácter interno,** por lo que su objetivo recaerá en encontrar aquellas habilidades/atributos (fortalezas, en lo que eres bueno) o áreas de mejora (debilidades, aquello donde flaqueas) que poseas y de las que tú tengas el control de potenciar o revertir. Es decir, si te viene a la mente algo y concluyes que depende de ti mejorarlo, cambiarlo o seguir amplificándolo, entonces responde a una de estas categorías.

Por el contrario, **las oportunidades y las amenazas se encuentran en el ámbito de lo externo;** se trata de factores que se salen de tu control y que dependen, más bien, del contexto que te envuelve y el espacio en que te mueves. Aquí debes desglosar, por ejemplo, todo lo que te puede favorecer (oportunidades, aquello de tu entorno que puedes aprovechar) o que puede entorpecer (amenazas, aquello de tu entorno que puede representar un obstáculo) pero en lo que por desgracia no hay margen de acción de tu lado. Lo más importante aquí es que recuerdes que todas estas oportunidades y amenazas son ajenas a ti y a tu control, pero aun así te afectan directa o indirectamente.

Para tener bien identificados cada uno de los elementos de tu FODA puedes hacer una lista, ya sea en una misma hoja o en papeles de distintos colores, una por categoría, para que las puedas diferenciar entre sí, o bien, hacer un diagrama igualmente dividido por categorías (como el que muestro un poco más adelante). Todo es válido siempre y cuando tengas visibilidad de dónde te encuentras en cada uno de los rubros.

Al abordar los factores externos hay que tener en cuenta otros dos conceptos esenciales: la tendencia y la competencia. Sumergirnos en las tendencias es importante porque nos dará luz de hacia dónde se está moviendo la cosa. Además, de no centrarte en lo que está ocurriendo y en el ritmo de las olas, podrías encontrarte con que estás haciendo algo que quizá se volverá irrelevante pronto, si no es que ya pasó por ese punto.

Por otro lado, reconocer las tendencias también te permitirá descubrir que quizá tú quieres ir en una dirección distinta a la establecida, lo cual también es completamente válido. Puedes desafiar, ir en contra y, ¿por qué no?, hasta cambiar las cosas. Claro que este no es el camino más sencillo, pero no es en lo absoluto imposible mientras entiendas cómo **diferenciarte.**

Ahora hablemos de la competencia, es decir, el resto de personas o empresas que apuntan al mismo objetivo que tú y que también buscan destacar frente al resto. Tu competencia es el principal referente contra el cual te estarás midiendo y comparando a lo largo del camino. Conocer quiénes son, de qué están hechos, cuáles son sus atributos y puntos débiles, será casi tan importante (o igual) como conocerte a ti. Como dice Sun Tzu en su libro *El arte de la guerra*:

> «SI TE CONOCES A TI MISMO, PERO NO CONOCES AL ENEMIGO, POR CADA BATALLA GANADA PERDERÁS OTRA; SI NO CONOCES AL ENEMIGO NI A TI MISMO, PERDERÁS CADA BATALLA».

Es más, te recomiendo que hagas el mismo análisis FODA que hiciste para ti o para tu empresa, pero desde la perspectiva de tu competencia. Esto te dará un mejor entendimiento de quiénes son los actores que tienes enfrente, y te ayudará a encontrar diferenciadores para sobresalir y, ¿por qué no?, para vencer.

En resumen, tu análisis foda debe verse más o menos así:

FORTALEZAS

DEBILIDADES

INTERNAS
EXTERNAS

OPORTUNIDADES
Tendencia

AMENAZAS
Competencia

Una vez que tengas listo tanto tu FODA como el de tu competencia, debes darte el tiempo de analizar lo que tienes enfrente.

¿Qué oportunidades deberías aprovechar? ¿Cómo puedes protegerte de las amenazas que acechan? ¿Hay manera de remediar las debilidades que detectaste y transformarlas en fortalezas? ¿Qué es lo que te dictan las tendencias? ¿Hay algún diferenciador entre la competencia y tú?

> **Recuerda:**
>
> - Arma tu FODA.
> - Arma el FODA de tu competencia (la o las principales).
> - Identifica las tendencias.
> - Analiza tu información y extrae los aprendizajes clave.
> - Define el rumbo de tu estrategia.

Y ahora sí, ¡a planear!

TESLA Y SU (ENVIDIABLE) PLANEACIÓN

Probablemente hayas escuchado de Tesla, una empresa de autos eléctricos creada por Elon Musk (a quien ya mencionamos en el libro), que en los últimos años se ha convertido en una de las más importantes de la industria y el mundo.

El camino que ha recorrido Tesla para ser (y valer) lo que hoy es (y vale), ha venido acompañado de tropiezos, aciertos e intentos, pero ha tenido una constante: su impecable planeación.

Desde que fue fundada en 2003, Tesla tenía un *master plan* precisado en cuatro pasos: 1) hacer y vender un auto de bajo volumen, que necesariamente tendría que ser costoso, 2) usar ese dinero para diseñar un auto de volumen medio, y que sea más accesible que el anterior (en tiempo, costo, recursos), 3) utilizar ese dinero para hacer vehículos de volumen alto y aún más accesibles, y 4) mientras tanto, proveer una opción de generación de energía con cero emisiones (energía solar).

La magia de Musk estuvo en la manera en que logró bajar su propósito (agilizar la adopción de las energías con cero emisiones, reconociendo que la sostenibilidad es el problema más grande de la sociedad actual), a un plan de acción que revolucionó por completo la percepción del mundo en torno a la energía sostenible, y que hizo que Tesla se posicionara como la empresa automotriz más importante del mundo.

Mira con atención este diagrama, es impresionante:

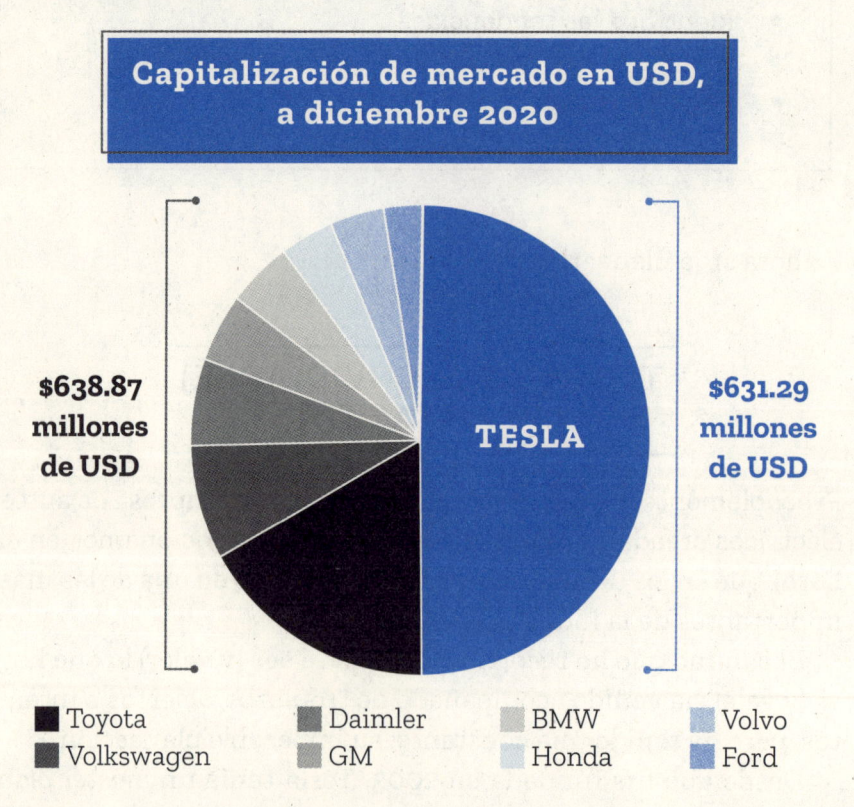

Capitalización de mercado en USD, a diciembre 2020

$638.87 millones de USD

TESLA

$631.29 millones de USD

- Toyota
- Volkswagen
- Daimler
- GM
- BMW
- Honda
- Volvo
- Ford

¡Tesla ya vale más que los siguientes siete gigantes de la industria automotriz sumados! Aun cuando sus ventas son al menos

70 veces menores que la suma de las ventas de todos ellos. Esto es debido no solo a la innovación que ha logrado la empresa, sino también a una excelente planeación que, paso a paso, la ha llevado a cumplir sus objetivos e ir por los siguientes, aún más ambiciosos.

Tesla hizo dos cosas fundamentales. Primero, diferenció su propósito del de Toyota, GM, Ford o cualquier marca de autos «tradicional». Si echas un vistazo a la página web de cualquiera de ellas, es probable que veas que ya incluyan en su discurso el tema de la sostenibilidad y las cero emisiones, pero en realidad ninguna de ellas tuvo esto como misión ni mucho menos como propósito desde el inicio. El pionero fue Tesla. El resto de las compañías, al ver números tan contundentes como los anteriores, giraron hacia ello para seguir la tendencia.

Lo segundo, y que va totalmente en línea con lo anterior, es que Tesla se propuso diseñar un plan con un propósito y una ambición de otro nivel. Algo claro, conciso y que nadie se había atrevido a imaginar. Este plan dio resultado, y Tesla ha podido comprobar cómo la gente ha cambiado su manera de pensar poco a poco: hoy le damos más valor a una empresa que quiere salvar al mundo que a una que solo busca enriquecerse.

En una sociedad llena de GM, Toyotas y Fords, atrévete a ser Tesla, a romper paradigmas y hacer que tu planeación sea el referente de los que algún día fueron tu referente.

DEFINIR ESTRATEGIA Y OBJETIVOS SUENA FÁCIL, ¿LO ES?

Un buen inicio para orientar tu estrategia y aterrizar tu plan son los 10 puntos que te dejo aquí:

1) **Tener un propósito.**
Si pusiste atención al capítulo anterior ya lo sabes: el propósito es tu punto de partida. No me detendré en un

elemento que tiene su propio capítulo, pero recuerda que es tu punto de arranque, la base que soporta todo tu plan.

2) **Convertir ese propósito en una misión y visión.**
También ya está más que explicado en el capítulo anterior, pero si quieres refrescar cómo se da esa transición de propósito a misión y visión, regresa unas páginas para tenerlo presente.

3) **Partir esa misión en objetivos.**
Igualmente lo vimos con lujo de detalle en el capítulo anterior, pero te recomiendo darle otra leída para que no se te vaya nada.

4) **Hacer un análisis FODA para comprender dónde estás parado.**
Recuerda no solo hacer el tuyo, sino el de tus principales competidores también.

5) **Fraccionar los objetivos que estableciste en puntos de acción, tomando en cuenta tus aprendizajes del FODA.**
De aquí en adelante es donde empieza lo nuevo, así que me volveré a explayar. ¿Recuerdas lo que vimos sobre los objetivos SMART? Se trata de dividir tus objetivos en acciones asequibles y enmarcadas en periodos específicos para así hacer que tu carga sea más ligera. Específicos (*specific*), medibles (*measurable*), alcanzables (*achievable*), relevantes (*relevant*) y temporales (*timely*). Recordar esto mientras redactas tus objetivos te ayudará a desarrollarlos de una manera estructurada e, importantísimo, te dará margen para medir tus resultados.

Lo más fácil es arrancar por el objetivo final e ir hacia atrás, determinando las actividades intermedias e iniciales que necesitas para lograrlo. Esto te ayudará a planear tus actividades con antelación, contemplando los tiempos necesarios para completar cada una de ellas.

Hay tres plazos en los que puedes catalogar cada objetivo: corto, mediano y largo. Hay quien dice que los de corto plazo son de un mes o menos, los de mediano de dos meses a 11 y los de largo plazo, de un año o más. ¿Mi opinión? Depende de si la planificación es a nivel personal o empresarial. Depende del contexto, de las circunstancias, de tus recursos, de tus posibilidades... y de muchas cosas más. Mi sugerencia es que analices tu entorno, tu FODA y tus objetivos, y así establezcas las fechas que mejor se adecuen a ti.

6) **Hacerte de un buen equipo de trabajo.**
Define a quién necesitas para llevar a cabo cada tarea o actividad y así lograr tu cometido. Ya lo hablaremos más adelante, pero en el mundo rara vez se consigue algo trabajando solo. Hacia arriba y hacia abajo, normalmente contamos con algún apoyo. Determina quién o quiénes tienen las habilidades que a ti te hacen falta, busca que te complementen y aporten algo nuevo a la mesa, no solo que repitan lo mismo. Verifica que sus propósitos se alineen con el tuyo. Crea un equipo de individuos íntegros, dispuestos a aprender y a trabajar junto contigo. Y sé un buen líder; ya veremos más sobre esto en un par de capítulos.

7) **Asignar responsabilidades.**
Es uno de los puntos que acostumbran traer mayor dificultad. Delegar requiere que deposites muchísima confianza en tu gente. Si te cuesta darle el poder sobre algo (una responsabilidad) a alguno de tus compañeros, es porque en el fondo desconfías de su capacidad para llevar a cabo la tarea asignada, o bien, porque te hace falta abrir tu mente a que hay otras maneras de hacer las cosas además de la tuya.

Mi consejo aquí es que te dejes de inseguridades y te fíes de que cumpliste bien el punto anterior. Siendo así, comienza con una lista de las tareas a realizar y una de las personas en tu equipo, después analiza qué habilidades tiene cada miembro para saber quién empata mejor con qué tarea. Si encuentras que para una tarea a realizar no tienes a la persona indicada, abócate a encontrarla.

Lo siguiente te parecerá obvio, pero te aseguro que no lo es: da las indicaciones lo más claro posible a cada uno de tus colaboradores sobre lo que tiene que hacer y cuándo tiene que terminarlo, lo que da pie al punto ocho.

8) **Aterrizar las estrategias a realizar de forma diaria, semanal o mensual y según cada responsable.**
Delimitar las responsabilidades de las personas que conforman tu equipo en marcos temporales te permite tener un control de los avances que se van haciendo. Crea un calendario con cada uno de los responsables en función de la labor que les corresponde desempeñar, y encárgate de monitorear. Ojo con las ambigüedades y generalidades, siempre terminan en confusión, desacuerdos, culpas por aquí y por allá, y lo peor, desembocan en objetivos no cumplidos.

9) **Establecer planes de contingencia.**
La frase «10 gramos de prevención equivalen a más de un kilogramo de curación» se le atribuye al filósofo chino Lao-Tse y es básicamente lo que hay que saber aquí. Imaginar escenarios en los que la crisis acecha es la mejor manera de encontrar soluciones, de prever algo fatal antes de que ocurra siquiera. Para esto, analiza cuáles han sido los problemas que has enfrentado anteriormente y llévalos hasta el extremo. Partiendo de ahí, establece una serie de acciones o respuestas que amortiguarían el efecto en caso de que esta situación se presentara. En este caso más vale pecar de «pesimista» o «ridículo» que lamentarte después.

10) **Hacer un corte y revisar si se alcanzaron los objetivos deseados.**
Por último, pero no menos importante, nos encontramos con la evaluación de resultados, con ese alto obligado para revisar cómo vamos y no seguir navegando sin saber si vamos por las aguas correctas o si las velas siguen en buen estado. Aquí es cuando vas a agradecer haber establecido tiempos determinados para cada tarea, y a un encargado de ejecutarla y monitorearla. Analiza si la meta planteada en

un inicio se cumplió en tiempo y forma. Como dijo el célebre físico y matemático William Thomson Kelvin: «Lo que no se mide no se puede mejorar. Lo que no se mejora se degrada siempre».

Una vez que sepas qué se alcanzó y qué no, recuerda ajustar lo que sea necesario para que, a pesar de la pequeña tormenta, el barco siga en pie. Si bien es cierto que el plan que estructuraste funciona como guía, también debes contemplar que las circunstancias pueden irse modificando y tú tendrás que hacerlo con ellas, por lo cual tampoco te sugiero aferrarte al plan como algo infalible.

Tanto el plan como los pasos deben tener cierta flexibilidad que te permita cambiar, adaptarte. Ya dedicaremos todo un capítulo a ello más adelante, pero ten en cuenta que no debes cantar fracaso antes de tiempo ni pensar que el plan está escrito en piedra.

En resumen:

DEFINE	• Precisa claramente los objetivos, ya sea personales o para tu negocio
FIJA	• Ponte metas realistas, claras, concisas y medibles en el tiempo
COMUNICA	• Comparte tus metas ya sea a tu equipo o a gente cercana
MIDE	• Comprueba constantemente tus resultados y mapéalos de acuerdo al plan
DELIMITA	• Anota los problemas u obstáculos que vayas encontrando
REPLANTEA	• Busca soluciones para sobrepasar los obstáculos rehaciendo el plan

EL *BOTTOM LINE*: TU PRESUPUESTO

Hay un elemento que no figura en los 10 puntos repasados, pero que es esencial para el funcionamiento de absolutamente todo: tu **presupuesto.** No me voy a meter mucho porque me podría llevar el resto del libro en ello, pero lo básico es lo siguiente: para trabajar en lo que sea, para emprender un proyecto, es más, para vivir, necesitas capital. Ese capital puede ser de inversión propia, venir de un préstamo o de inversionistas, cada opción tiene sus pros y contras. Lo importante es saber calcular cuánto necesitas para hacer que el plan que trabajamos arriba funcione, y de ahí ir limpiando tus opciones. Igual y empiezas con capital propio, y conforme creces buscas inversionistas para escalar tu negocio, o un préstamo del banco.

La regla de oro: tus ingresos siempre deben ser mayores que tus egresos. De lo contrario, estás en problemas. Recuerda siempre llevar una contabilidad estricta para que puedas mantener control de tu presupuesto y trabajar de modo que permanezcas en números negros.

Otros básicos a considerar son los siguientes:
- Antes de emprender o hacer cualquier cosa que involucre dinero calcula cuánto podrías llegar a perder en el fatídico caso de que todo saliera mal. Claro que va a dolerte muchísimo si pierdes ese dinero, pero hay una gran diferencia entre perder algo de capital y acabar en la ruina. En cuestiones económicas es mejor ser extracuidadosos.
- Recuerda siempre separar tus finanzas personales de las que conciernen a tu negocio. El que mezcla pierde.
- Ten en cuenta que mucho de tus ingresos le pertenece a Hacienda, o sea, se va en impuestos. Abusado con esto.
- Además de llevar un registro de tus gastos en tu contabilidad, guarda todos tus recibos. Nunca sabes cuándo los podrás necesitar.

- Gasta inteligentemente. Hay cosas en las que vale la pena invertir, como tus empleados o las computadoras que van a utilizar para trabajar en tu proyecto, y otras que de plano se ganan la etiqueta de «gasto» a pulso. Si tienes que comprar materia prima o mobiliario para tu oficina, no te vayas con la primera opción en tu buscador, date el tiempo de comparar opciones y ver qué te conviene. Decide qué sí vale la pena y qué es un capricho.
- Ten un guardadito. Proponte ahorrar cierta cantidad al mes, y respétala. Guárdala y ten ese fondo de ahorro y emergencia listo para cualquier eventualidad. Y recuerda: *business is business*.

EL DÍA QUE NO PLANEAR ME SALIÓ CARO

Cuando pienso en algo que me hubiera gustado planear con más cautela, regreso a los inicios de Simitel. Algo mencioné de esta empresa en el capítulo 1, con la anécdota de esa primera conferencia que di, pero aquí te daré un poco más de contexto.

Simitel fue una empresa de tecnología e informática que ofrecía un servicio de sistemas para que los *call centers* pudieran funcionar. Este proyecto comenzó hace 20 años y se consolidó por ahí de 2003, con mi entonces socio Serge Kruppa. Cuando la empresa comenzó a crecer, nos emocionamos y corrimos a Estados Unidos pensando que podríamos abrir una filial de Simitel allá, así sin más.

No planeamos absolutamente nada, solo nos fuimos. La aventura era tentadora, pero faltó muchísima claridad sobre quién se quedaría operando la empresa en México, con qué logística, qué haría cada una de las empresas en los distintos países, etc., lo que desembocó en la muerte de Simitel en México y, por supuesto, no dio ni chance de que se configurara bien allá, al otro lado del río Bravo. Y todo porque no nos dimos el tiempo de planear ni de prever lo suficiente como para saber esquivar los distintos «factores sorpresa» que se presentaron y que de pronto nos cambiaron la jugada.

A raíz de esto aprendí que **a veces las cosas salen mal, y que eso en ocasiones tiene que ver contigo y a veces no, pero que si tienes un plan de acción estructurado, desmotivarte cuando las cosas no salen como pensaste es mucho más difícil.** Recuperarte de un fracaso o suceso inesperado requiere de muchísimas de las habilidades que veremos a lo largo del libro, pero la planeación es sin duda una de las más importantes. Teniendo de antemano un plan desdoblado, podrás darte cuenta de qué ajustar, qué quitar, qué agregar y, sobre todo, de cómo hacerlo, incluso antes de que las cosas sucedan. Ver las cosas en papel te permite apreciar lo que en idea no veías. Y recuerda, si aun con un plan el resultado no es el esperado, la estructura base ya está lista para recibir unos ajustes aquí y allá, y seguir intentándolo.

Si tu plan en definitiva es un fiasco total, empieza desde cero e intenta de nuevo. Puede llegar a ser cansado, pero recuerda que el éxito es de quien lo trabaja.

TÉCNICAS PARA QUE TU PLANEACIÓN SALGA COMO LA VISUALIZASTE

De entre todas las técnicas de planeación que existen, hay dos por las que me inclino más y que pueden serte de gran utilidad a ti también: los abanicos conceptuales y los mapas mentales.

1) **Abanicos conceptuales.** Este método se le ocurrió al psicólogo maltés Edward de Bono, que en su libro *El pensamiento creativo* dice que de toda situación se puede desplegar en una serie de alternativas y direcciones para abordarla.

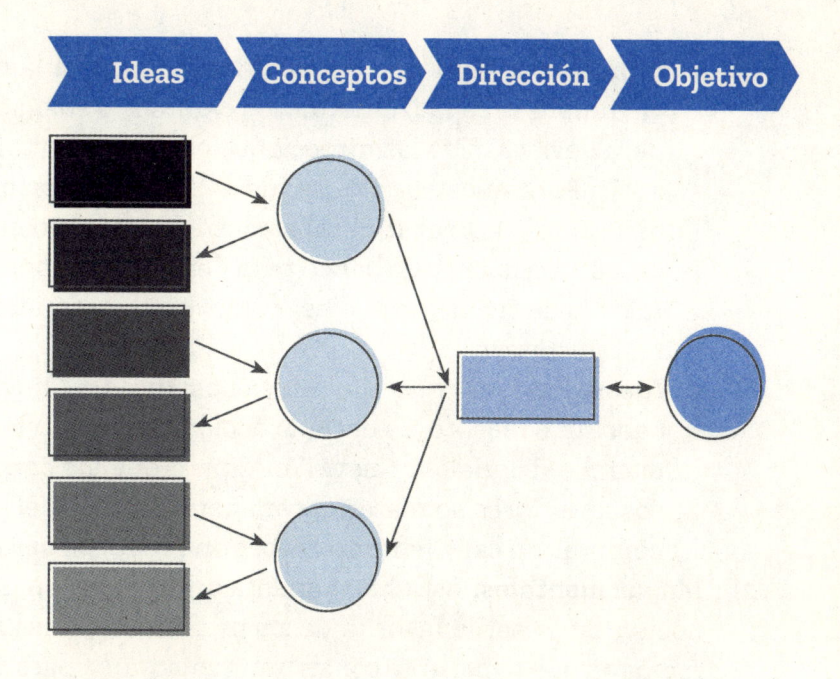

Es una manera interesante (y muy útil) de utilizar el método deductivo (de lo más general a lo más particular), y como sé que puede llegar a ser confuso, te mostraré los niveles que contempla en un ejemplo específico. Vamos de derecha a izquierda:

a. **Objetivo.** Para crear tu abanico tienes que partir de uno de tus objetivos. Elígelo y escríbelo hasta la derecha de tu hoja. Puede ser, por decir algo, juntar dinero para un viaje a Nueva York.

b. **Direcciones.** Piensa en qué es lo que necesitas en términos generales para hacer realidad tu objetivo. Aquí no se trata de acciones puntuales, sino conceptos más grandes que engloben los dos siguientes niveles, que ahora revisaremos. Ya que los tengas, desplázate a la izquierda y escríbelos en los espacios correspondientes a las direcciones; es recomendable que sea más de una. En nuestro ejemplo, tus direcciones podrían ser: ahorrar dinero, trabajar horas extra o vender algo para juntar el dinero necesario.

- **c. Conceptos.** Aquí vas a poner, desdoblando una nueva dimensión a la izquierda, los caminos o soluciones para llevar a cabo las direcciones planteadas un nivel atrás. Para nuestro viaje a Nueva York, de la primera dirección (ahorrar dinero) se desdoblaría algo como «abrir una cuenta de banco para depositar un porcentaje fijo de tu sueldo al mes» o «disminuir comidas en restaurantes».
- **d. Ideas.** Estas son las maneras específicas de llevar a cabo un concepto, es decir, la acción en sí. En nuestro ejemplo del viaje a Nueva York, para que los conceptos anteriores se materialicen, pondríamos «dejar de comprar un café diario» o «hacer una venta de garage».

2) **Mapas mentales.** Esta herramienta quizá te sea más conocida, suele ser la favorita de los profesores. Su utilidad radica en que te permite construir un diagrama para ligar distintos conceptos, palabras e ideas, y generar conexiones entre los mismos. Podríamos decir que se trata de un abanico más simplificado, se ve así:

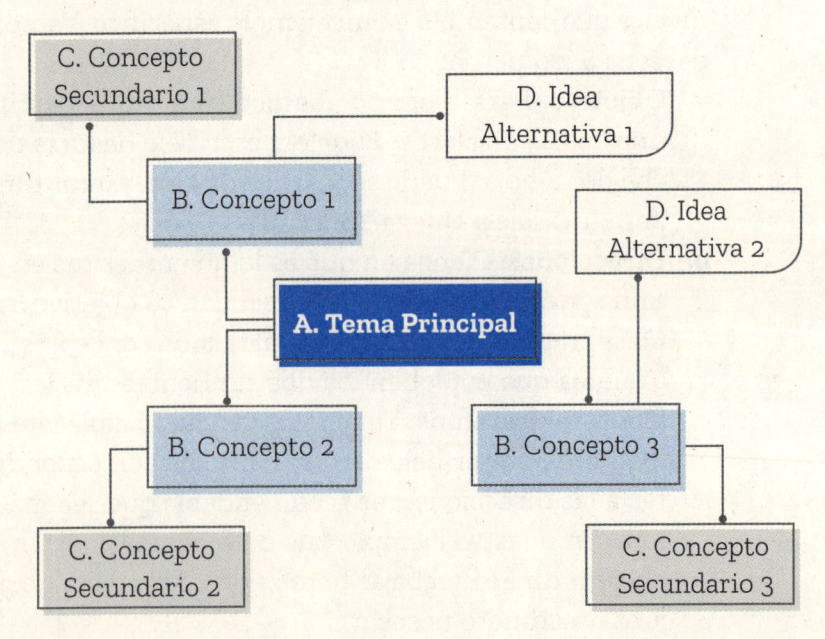

```
C. Concepto Secundario 1
    |
    B. Concepto 1 ——— D. Idea Alternativa 1
        |
        A. Tema Principal ——— D. Idea Alternativa 2
        |           |
    B. Concepto 2   B. Concepto 3
        |               |
    C. Concepto     C. Concepto
    Secundario 2    Secundario 3
```

Para crear un mapa mental haz lo siguiente:

- Selecciona un tema principal. En este caso puede ser tu objetivo.
- Identifica los conceptos clave alrededor del tema central y enlístalos. Procura que estos no se repitan.
- Selecciona las ideas centrales que se relacionan con cada uno de tus conceptos clave y escríbelas en otra lista.
- Agrupa y ordena los conceptos, de modo que aquellos que están relacionados guarden una proximidad que denote su relación.
- Represéntalos visualmente poniendo tu tema principal al centro, tus conceptos clave alrededor y las ideas que se despliegan de cada uno a su lado.
- Dibuja enlaces para conectar tu tema principal con tus conceptos clave y estos con tus ideas centrales, de modo que sea evidente la jerarquía y el proceso deductivo que nuevamente entra en juego.
- Por último intenta «leer» tu mapa utilizando los enlaces como si fueran proposiciones, y revisa si para ti tiene sentido lo que ahí se expone o si hay algo que modificar.

Si en Google pones «hacer mapas conceptuales», encontrarás miles de páginas de internet que te facilitan el proceso, pero creo que siempre hacerlo a mano te genera una noción de mayor conciencia en el proceso para expresar y estructurar tus ideas.

No te preocupes si en la teoría parece algo confuso utilizar cualquiera de estas herramientas, al terminar este capítulo armaremos juntos un abanico y un mapa mental, de modo que pruebes cuál se ajusta mejor a ti y a tu plan.

De igual manera, aunque utilizar ya sea el abanico o el mapa te dará mucha más luz, también es válido que ninguna te acomode del todo y busques otras alternativas que sean más *ad hoc* a ti.

El chiste es que, sin importar el método, utilices algo que le dé estructura a tu plan de acción, de lo contrario estarás caminando a ciegas.

IMPORTANTE: Estas herramientas ayudan mucho a ordenar tus ideas, pero para que su uso tenga verdadero efecto, debes traducirlo en un plan de trabajo, mismo que es producto de todo lo que en este capítulo hemos revisado. **El abanico y el mapa forman parte de un plan de trabajo, pero no son el plan en sí.** Lo ideal es que hagas un mapa o abanico por cada objetivo y luego condenses la información en un documento de Excel, por ejemplo, para tener una visualización amigable y general de dónde estás, a dónde debes llegar, cuándo debes hacerlo y cómo lo harás. Todo lo que acabamos de ver, básicamente. Esta hoja de ruta facilitará la implementación de tu plan, su ejecución en plazos, su medición y, ¿por qué no?, su éxito.

> Te dejo una plantilla en la página siguiente que puedes usar como referencia para tu plan de acción.

PENSAR EN GRANDE PARA HACERLA EN GRANDE

Meta del plan de trabajo

Número	Objetivo que se pretende alcanzar	Acciones	Responsable	Fecha de inicio	Fecha de fin	Desviación de tiempo	Recursos	Incidencias
1								
2								
3								
4								
5								
6								
7								
8								
9								
10								

Firma de quien lo elaboró

APRENDIZAJE
para llevar

Darles forma y ponerles tiempo límite a tus ideas y sueños es lo que te ayudará a verlos concretarse. Siempre recuerda que cuando algo tiene pies y cabeza, es cuando puede respirar y caminar, así que tómate el tiempo necesario para armar tu plan, diseñar tu estrategia y actuar para alcanzar tus objetivos.

QUÉ SÍ Y QUÉ NO

LO QUE SÍ	LO QUE NO
• Haz un plan para materializar tu propósito. • Apóyate en el FODA. • Piensa como tu competencia. • Fíjate en las tendencias. • Recuerda los objetivos SMART. • Rodéate de gente que aporte. • Ten presente que planear también implica armar un presupuesto. • Recuerda estar alerta para ajustar tu plan cuando sea necesario. • Recurre a técnicas como abanicos conceptuales y mapas mentales. • Aterriza tu plan de acción en algo más tangible y particular, y vacíalo todo en un documento de Excel.	• Tenerle miedo a planear. Hay muchísimas maneras de hacer más llevadero (y menos de flojera) este proceso. • Confiar en que el sueño solito basta, y que la planeación es innecesaria. • Creer que ya te conoces a ti o a tu negocio a la perfección y no darte el tiempo de analizar dónde estás parado. • Desmotivarte cuando fracasas. • Pensar que con las herramientas de apoyo (abanicos y mapas conceptuales) es suficiente.

EJERCICIO

COMIENZA CON TU PLANEACIÓN HOY

No hay como el aquí y el ahora para empezar con tu proceso de planeación. Aprovecha el espacio a continuación para desarrollar ya sea un abanico de Bono o un mapa mental con tus mejores ideas. Este es el principio del siguiente capítulo de tu trayectoria, ¡mucho éxito!

INNOVACIÓN

4

QUIEN PEGA PRIMERO, PEGA DOS VECES.

Dicho popular

Hace no mucho tiempo existía un lugar llamado Blockbuster. Si tienes menos de 18 años probablemente no lo recuerdes, e incluso para los de esa edad debe ser un recuerdo borroso.

Blockbuster fue el paraíso de todos los que disfrutábamos ver películas desde la comodidad del sofá, cuando el mundo digital no era más que un pensamiento futurista o de ciencia ficción. Entrar a esa franquicia de alquiler de películas y juegos de video, posar tu mirada en los nuevos títulos, los viejos, sentir la adrenalina que implicaba no saber si la película o el videojuego de tu elección estaría o no disponible, comprar helado, dulces, palomitas y llevarte a casa una de las películas que acababan de salir de cartelera… Blockbuster era toda una experienca.

Si hace 15 años nos hubieran dicho que para 2022 todas las sucursales de este oasis para cinéfilos no serían más que un nostálgico capítulo en la historia de la humanidad, nadie lo hubiera creído. Pero ocurrió. A mediados de los noventa un estadounidense de 37 años llamado Reed Hastings rentó la película de *Apolo 13* y tuvo que pagar 40 dólares de penalización al gigante de los cineclubes por no devolverla a tiempo. **«Debe haber una mejor manera de hacer esto»,** dijo Hastings luego de pagar su cuota.

Y Hastings tuvo razón. Esa «mejor manera» llegó en letras rojas y actualmente está valuada en más de 220 mil millones de dólares. Netflix comenzó siendo una empresa cuya dinámica consistía en mandarte un DVD, dejártelo el tiempo que quisieras y cuando lo regresaras cambiarte el DVD, todo por una cuota mensual de 9.99 dólares. Ya después evolucionó a lo que es ahora.

«Jamás te daré dinero», le dijo John Antioco, CEO de Blockbuster a Hastings cuando le ofreció Netflix por apenas 50 millones de dólares en 2000. Y Antioco no fue el único. Hastings ha narrado que la puerta le fue cerrada más de una vez. ¿Qué hizo entonces que el hoy empresario no tirara la toalla? La fe en su idea, su tenacidad para aferrarse el tiempo suficiente para demostrar que quizá el loco no era él por proponer una plataforma de películas bajo demanda, sino ellos por negarse a ver que si el mundo seguía girando, ellos debían aprender a girar con él.

Hastings sabía que el servicio que Blockbuster ofrecía funcionaba, por supuesto, pero estaba aún más convencido de que cada día cojeaba de más puntos y que pronto necesitaría más que un par de muletas para seguir caminando.

Luego de detectar las áreas de oportunidad del servicio, planeó, ejecutó y, lo más importante, perseveró, e hizo realidad un servicio que hoy ya hasta es sustantivo. Ya no solo nos referimos a Netflix para hablar de la plataforma, nos referimos a Netflix para hacer alusión a un plan de echar flojera y pedir de cenar, no importa si lo que ves es la tele o a su rival Amazon Prime. (Y lo mejor de todo, sin pagar penalizaciones).

Entonces, además de la falta de visión que le impidió confiar en Hastings, ¿cuál fue el error de Blockbuster? ¿Qué riesgo no estuvo dispuesto asumir que lo hizo pasar de tener 9 mil tiendas en los 2000 a hoy ser una especie extinta? Recurrir al (lamentable) instinto que tenemos los seres humanos de resistirnos al cambio, creer que lo que ha funcionado en el pasado lo seguirá haciendo en el futuro, «¿por qué no habría de...?».

Te daré la respuesta: porque la supervivencia dentro del mercado la dicta la innovación. **Quien se resiste a innovar se condena a morir. Así de sencillo.**

El mayor problema con la resistencia a la innovación es que todos la tenemos, desde siglos atrás y probablemente en siglos por venir. Para comprobarlo, hagamos un viaje rápido al pasado.

Empecemos con Pitágoras, filósofo y matemático griego, quien un día tuvo el «atrevimiento» de decir que el mundo era redondo y, claro, ¡casi lo queman vivo!, porque para ellos el mundo era plano, y tenían «evidencia» en mano de ello.

Luego Galileo Galilei, que también tuvo la «osadía» de sugerir que la Tierra giraba alrededor del Sol, y por ello fue condenado. Recordemos que en ese tiempo se tenía una concepción geocéntrica, en la que se creía que todo, incluyendo al Sol, orbitaba alrededor de la tierra, y no al revés.

También tenemos a Alexander Graham-Bell, quien inventó el teléfono e intentó vender las patentes a Western Union, la compañía más importante de comunicaciones de la época. ¿Y qué hizo Western Union? Le dijo que volviera a intentarlo y regresara con algo mejor. Hoy los imagino jalándose los pelos por esa decisión.

La resistencia al cambio nos impide salir de nuestra zona de confort, pues incursionar fuera de ella da miedo. Aquí regresamos al capítulo 1, donde hablamos de valentía y audacia, y lo que implica trabajarlas para evitar que el miedo gane terreno en tu campo de acción. **Recuerda que, para innovar, tienes que atreverte.**

¿Tú crees que si Elon Musk no se hubiera atrevido a emprender, hubiera hecho lo que hizo? ¿O Jeff Bezos? ¿O nuestro personaje estelar del capítulo, Reed Hastings? Por supuesto que no. Ellos lo lograron porque, de entrada, fueron lo suficientemente audaces para reventar esa burbuja en la que se encontraban y darle una oportunidad a esa idea que rondaba en su cabeza. **¿Quieres innovar? Tienes que retar al *statu quo*, no hay de otra.**

Ahora, de una vez te advierto que es probable que muchas veces la cosa te salga mal. A Thomas Alva Edison, por ejemplo, a quien se le atribuye la invención del foco, le tomó cerca de 10 mil intentos lograrlo, según dicen. Imagínate que hubiera escuchado a la gente, que muy probablemente le dijo que ya no se aferrara, pues la idea jamás funcionaría. O no tendríamos focos como hoy los conocemos o hubieran llegado después con otro «loco» que, si me permites, querido lector, nombraré con el adjetivo correcto: valiente y audaz.

Y así llegamos a la que considero debe ser la primera regla de la innovación: nunca pienses que tus ideas son absurdas o ridículas. Siempre valdrá la pena hablar de tus ideas en voz alta. Y ojo, con esto no me refiero a que siempre serán socialmente aprobadas, de hecho, es probable que la mayoría de veces te tiren de loco, como a Edison, pero ¿te digo algo? No hay peor idea que la que no tienes.

Si tu idea es mala, tú te darás cuenta en algún momento, pero no permitas que los juicios y prejuicios de otros nublen lo que podría ser una idea rompequinielas.

EL ABC DE LA INNOVACIÓN

La innovación ha sido un tema muy sobado en los últimos años. Todos hablan de ella, pero pocos saben qué es en verdad. Sin embargo, encontré alguna vez esta definición que me encanta:

> «INNOVAR ES EL ARTE DE CONVERTIR Y TRANSFORMAR LAS IDEAS Y EL CONOCIMIENTO EN PRODUCTOS, PROCESOS Y/O SERVICIOS NUEVOS O MEJORADOS, **QUE EL MERCADO RECONOZCA Y VALORE**».

Esta última parte es crucial, así que vuelve a leerla si es necesario. **No puedes innovar si tu producto no genera valor, satisface a un usuario final y, por consiguiente, mejora la vida de las personas.**

La innovación es parte importantísima del éxito porque es el escalón que te exige diferenciarte de los demás para seguir subiendo. Cualquier empresa o persona que no contemple a la innovación dentro de su fórmula secreta del éxito solo llegará a tener un éxito temporal, condenada a morir al final.

«Marcus, ¿cómo sé si mi producto es innovador?», me preguntan con frecuencia, y la respuesta es simple: el impacto real no viene con la invención como tal, sino con la adopción de esa invención. Repito de nuevo esa parte de la definición que resalté tanto: «... que el mercado reconozca y valore». Si creas algo que no es adoptado por el usuario, puede que sirva, pero no estarás innovando, estás únicamente inventando, que no es lo mismo.

Inventar es solo uno de los ladrillos que construyen la innovación, pero no es el único. Hay otras maneras de innovar. Muchas de las empresas que hoy se encuentran en la lista de las más grandes del mundo, por ejemplo, en realidad no inventaron nada, tan solo reinventaron un modelo. Piensa en Uber y cómo cambió el modelo del transporte público. Airbnb no inventó el concepto de hospedaje, solo lo enfocó distinto.

Desarrollar esta habilidad requiere quitarnos la idea de que «ya todo lo inventaron». **Es cierto que ya existen muchas cosas, pero siempre, siempre, se puede innovar.** Piensa en cualquier cosa que te molesta en tu día a día: ¡son oportunidades de mejora y, por ende, de innovación! El tráfico al ir al trabajo, la fila en el banco, la comida que llega fría a tu mesa o ese trámite lento y burocrático del cual acabas harto; todas esas instancias son invitaciones a resolver innovando. Las oportunidades de innovar abundan, solo hay que mantener una mente abierta y receptiva.

La ventaja de que el mundo se transforme a pasos agigantados es que las necesidades van cambiando con él, ¡y están ahí! Solo es cuestión de detectarlas, enamorarse del problema y, a partir de ahí, buscar un diferenciador que te permita innovar. Esto último es importante, **si tú no te diferencias, la única vía por la que puedes competir es por marketing o por precio, y déjame decirte que una empresa bien establecida te va a destrozar en cualquiera de estas dos variables.**

Pensemos en un producto básico como el agua. ¿Cuál es la diferencia entre la mayoría de las marcas de agua embotellada? Ninguna. Todas son botellas similares, de los mismos tamaños. Compiten por marketing y precio por el tamaño de empresas que las respaldan, pero si yo voy a sacar una botella de agua, más me vale ponerle una diferenciación, pues no hay manera de que pueda competir con una compañía como Coca-Cola por marketing o por precio.

Es ahí donde entra la diferenciación, ese rasgo que hará que mi producto tenga cabida en una industria o muy saturada, o con competidores monstruosos como los ya mencionados. Un agua que sepa a menta y te refresque el aliento mientras te la tomas, una con vitaminas que fortalezcan las defensas de los niños, una botella pintada por artistas que se vuelva de colección... Estas son ideas arbitrarias, pero lo que quiero que veas es que para que mi producto prospere, ese valor agregado tiene que existir sí o sí.

Hace unos años fue a *Shark Tank* Daniela Castañón, una niña originaria de la Ciudad de México, con su empresa Litro por Litro. Curiosamente, ella quería vender botellas de agua, pero lo fascinante fue el diferenciador que ofreció: por cada litro de agua que vendiera, ella quería regalar otro a comunidades sin acceso a este recurso. Ahí estaba su gran (e increíblemente noble) diferenciador. Daniela tenía 12 años cuando comenzó con este proyecto; no hay edad para innovar. Todos los tiburones le entraron a su empresa.

Otro clarísimo ejemplo de los alcances que puede tener la innovación fue todo 2020, año en el que la pandemia llegó y nos puso creativos. ¿Qué tal todos los modelos de cubrebocas que salieron? Con diseños que combinaban con la ropa, con dibujos animados, con estampados de días festivos, redondos, alargados... infinidad de modelos. Era el mismo producto, uno que ya existía, pero los creadores de cada diseño supieron ver qué faltaba, innovaron y lo llevaron a la práctica.

PARA INNOVAR, HAY QUE VER AL GORILA

Una de mis grandes pasiones es la academia y me encanta dar clases de innovación, emprendimiento y capital de riesgo, entre otras. Participo como profesor invitado en varias universidades incluyendo el IPADE, uno de mis mayores orgullos. En mis clases de innovación, siempre comienzo con un video que me encanta mostrarles a mis alumnos para hacerlos conscientes de una lección de innovación importantísima: **si quieres que la innovación aparezca, debes contemplar el fenómeno desde todos sus ángulos.**

El video se trata de un juego con el espectador. En la pantalla se muestran unos chavos vestidos de blanco y otros vestidos de negro, todos jugando basquetbol. El objetivo del video es que el espectador cuente cuántos pases se dan entre jugadores de un mismo equipo, por lo que todos están concentrados en llevar esa cuenta. Es más, haz una pausa aquí y escanea el código QR que encontrarás a continuación para que juegues conmigo y sepas de qué hablo (es importante que pares de leer ahora si en realidad quieres experimentar el video). Solo intenta contestar la siguiente pregunta: ¿Cuántos pases dan los chavos vestidos de blanco entre ellos?

¿Cuántos pases contaste? Si tu respuesta es 15 realmente te concentraste en el objetivo principal, contar los pases. Pero, ¿viste qué había escrito en la pared? O, quizá más importante, ¿lograste ver al gorila? Si no lo viste, no estás solo, aproximadamente el 50% de la gente que ve el video y realmente se concentra en el ejercicio de contar los pases no lo ve. Te recomiendo que ahora lo repitas e identifiques estos elementos. Siempre que termina el video hago estas mismas preguntas, y es que de verdad es impresionante cómo tener la atención en un punto o evento en específico nos hace perder de foco el resto de las cosas, a veces también algo tan obvio como una botarga de gorila apareciendo a la mitad de la pantalla.

El tema es que, cuando ves los problemas únicamente desde tu ángulo, crees que el suceso es solo como tú lo percibes, pero si te dispones a verlo desde otros ángulos, es decir, si aprendes a ver al gorila, te das cuenta de que hay otras maneras de llegar a una solución (muchas veces más sencillas de las que habías considerado).

Otro ejemplo que a mis alumnos les funciona para tener más claro esto es observar la posición que suelen tomar en una discusión con su pareja. La gran mayoría, si no es que todos, acepta que la posición en la que se enfocan de manera exclusiva es en la suya, y que poco o nada se esmeran en ver y entender la de su pareja. Y claro, viceversa. Eso es lo que hace que se vuelva increíblemente complicado llegar a un acuerdo, y en su defecto, innovar: la necedad de concentrarnos «solo en lo nuestro». Para innovar es importante cambiar tu punto de vista y tu perspectiva, y ver el mundo como lo ven otras personas, si no perderás de vista al gorila.

INNOVANDO ANDO

Una de las veces en las que «vi al gorila» y de las que más orgulloso me siento de haberlo hecho ocurrió hace unos 27 años. Como todos, a lo largo de mi vida he tenido buenas, regulares y malas ideas, pero si hubo una ocasión en que realmente logré darle al clavo resolviendo una necesidad, y por consiguiente innovando, fue cuando creé Mexico.com.

Todo comenzó con la inquietud que tenía de hacer una página que representara a México dentro del mundo del internet, pues desde su creación había estado dominado por estadounidenses.

Aunque había algunos sitios latinoamericanos, principalmente brasileños y argentinos, la realidad es que México no figuraba como un actor importante en el ciberespacio en aquella época. Al menos no había algún sitio que representara a México en el entonces nuevo mundo del internet.

Teniendo esto en mente, por ahí de 1994, cuando el internet apenas comenzaba a ser relevante en nuestro país, me aboqué a crear una identidad para los mexicanos en este enorme universo digital.

Me puse a pensar qué ícono o imagen representaba a México de manera sencilla, divertida, que fuera fácil de recordar y que, además, representara la velocidad de la que en ese entonces el internet carecía. Así, buscando esa mexicanidad y rapidez, encontré un dominio que representaba ambas. ¿Se te ocurre alguien?, ¿un pequeño ratoncito animado quizá? Para mí, Speedy Gonzales cumplía con esas últimas dos características, por lo que registré speedygonzales.com, el cual, para mi sorpresa, nadie había registrado aún. Un par de semanas después comenzaron los problemas. Una carta de Warner Bros llegó con una amenaza contundente en la que decían que si no les daba el dominio me iban a demandar. La verdad es que nunca había obviado que los derechos del personaje estarían protegidos por su dueño, así que para evitar cualquier problema les regresé el dominio sin ningún tipo de resistencia de mi parte.

Quizá estás pensando lo mismo que mis cuates en ese entonces: «Qué güey, les hubieras cobrado y te hubieras ganado un dineral». Pero, bueno, no quería problemas, y la verdad nunca se me ocurrió que podría sacar dinero de ello. Pero eso no me impidió seguir adelante con mi propósito inicial, lo que me llevó a registrar un segundo dominio: andale.com. Con este busqué darle la vuelta a mi episodio con Warner Bros y hacer de la emblemática frase del pequeño ratón un reflejo de ese sentimiento que quería transmitir, pero ahora con un nombre genérico que evitaba el problema de propiedad intelectual.

Como a las tres semanas de haberlo registrado me hablaron unos emprendedores de Silicon Valley —cabe aclarar que yo en ese momento ni sabía qué era Silicon Valley— y me ofrecieron comprar el dominio de Ándale por 10 mil dólares. Yo pensé que era una broma. El dominio me había costado máximo 70 dólares en ese entonces y nunca pensé que alguien quisiera comprarlo por esa cantidad.

Aun creyendo que se trataba de una broma les contesté que se los vendería por el doble de precio. «Que sean 20 mil», les dije. Y de pronto, 20 mil dólares estaban depositados en mi cuenta. Sin querer había descubierto el nuevo negocio de compra-venta de bienes raíces en internet, y me puse a registrar dominios como loco. Era hasta cómico porque si platicaba con algún amigo y me decía: «Marcus, vamos a echarnos un café», yo solo pensaba: «Café, ok, registraré cafe.com», y así llegué a tener más de 800 dominios, todos genéricos, para evitar problemas con cualquier marca. En la colección hubo lugares como cuernavaca.com o santafe.com, deportes como futbolamericano.com o fiestabrava.com y muchos otros dominios a los que les veía el potencial de ser adquiridos o desarrollados.

Entre todos estos, hubo un domino llamado mejico.com —ya que mexico.com (con x, como debe ser) ya estaba registrado—, que decidí comprar. Esta transacción se convirtió en algo muy especial porque fue el dominio que terminé usando para empezar lo que considero mi primer emprendimiento: una empresa de internet. Si te soy honesto, había algo en mejico.com, así, con «j», que a mí me parecía encantador como alternativa. De hecho la campaña digital que lanzamos para promocionarlo tenía como slogan: «En internet, México se escribe con J», y pegó increíble.

A este sitio entró muchísima gente, y en poco tiempo creció en grandes proporciones. Sin embargo, como quizá era de esperarse, muchos se empezaron a quejar de la j que sustituía a la x, pues se leía como una enorme falta de ortografía. Así que me puse a buscar quién tenía el domino de México con x para dar carpetazo a estas discusiones, ¿y qué crees?, lo encontré.

Lo tenía un cuate en Nueva York, llamado Michael Smith; lo contacté para ver en cuánto me lo vendía. Sin dudarlo mucho me respondió que en 15 mil dólares, transacción que me pareció bastante decente pensando que a mí me habían comprado andale.com aún más caro. Y así fue como —por fin— vio la luz mexico.com, un sitio que, tal y como imaginaba, reunía información y material de México en distintas áreas.

Fue un proyecto padrísimo. Al entrar veías una esfera con la bandera de México, que si vieras ahora te reirías, pero en ese momento era novedosísimo, y aparte tenía un poco más de mérito porque todo era hecho por nosotros, no teníamos diseñador ni nada. También agregamos varias pestañas aprovechando los demás dominios, una que se llamaba quiendamas.com, que era un lugar de subastas, otra que recibía el nombre de ustedopina.com, que era de encuestas, y una más, buenhumor.com, que era un sitio de chistes. La verdad era superinteractiva, supongo que eso fue parte de lo que encantó a sus usuarios.

En el año 2000, sin saber bien cómo ocurrió, de pronto estaba con mi socio en Los Ángeles, sentado en una mesa con los representantes de una familia de mucho dinero en México; con el director de Marketing de Coca-Cola a nivel mundial, con representantes de una empresa que en ese momento era la más grande de internet, que se llama E-companies, y también estaba gente de Óscar de la Hoya y Golden Boy Promotions, entre otros. La razón por la que estábamos ahí, junto a todas estas celebridades del mundo corporativo, era que querían hacernos una oferta para comprar una parte de la empresa (mexico.com), por una cifra increíble en dólares.

Yo ni siquiera entendía qué estaba pasando, nunca en mi vida había visto una transacción de capital de riesgo, pero por supuesto que aceptamos.

Esa fue mi primera experiencia emprendiendo y creando algo innovador; mexico.com vio la luz unos cuatro años antes que Google y un par de meses después que Yahoo! Fue sin duda el primer sitio público de internet en México y en su momento puso a nuestro país a la altura de otros desarrollos de este nuevo medio que apenas empezaba. Pero quizá lo más importante es que fue adoptado por cientos de miles de usuarios que diariamente entraban a leer su contenido, aportar su grano de arena o simplemente leer su correo electrónico con nosotros. Y, mejor aún, los agradecimientos diarios que recibíamos eran realmente reconfortantes... habíamos innovado.

Poco tiempo después mi socio y yo tuvimos diferencias y mexico.com se acabó para mí. Pero sin duda es uno de los proyectos cuyo desarrollo y gran alcance más me enorgullece. Esto, sin saberlo, sería el inicio de un largo camino de retos y nuevos proyectos en los que de pronto encontré el propósito que te conté capítulos atrás y que me ha hecho apostar por nuevos proyectos, como Startup México, Dux Capital, la docencia e incluso sumergirme en el tanque de los tiburones.

INNOVAR TAMBIÉN TIENE SU CIENCIA

Dar con la fórmula que llevó a mexico.com a gozar del éxito que tuvo en su momento no fue producto de acciones arbitrarias. Aun cuando en su historia hubo momentos fortuitos y casualidades que me llevaron a su creación, fue el entendimiento de las necesidades de sus usuarios y un largo trabajo creativo y estratégico lo que lograron su aceptación entre los mexicanos.

La innovación no es una ciencia exacta, pero sí sabemos de ciertas técnicas que, de seguir correctamente, te permitirán innovar. Técnicas que buscan desarrollar la habilidad de ver las cosas de distintas maneras, y luego crear algo multidimensional que aporte valor y, por consiguiente, la gente quiera adoptar. Es decir, te permiten ver al gorila y de esta manera encontrar nuevas formas de atender una necesidad o resolver un problema.

Hay una gran variedad de técnicas de innovación, mismas que podrían llevarnos un libro entero. Dos de mis favoritas son: los seis sombreros de De Bono y el *pain storming*. La primera la platicaré al final de este capítulo, de modo que mientras la leas puedas practicarla como ejercicio, pero basta decirte que está diseñada específicamente para permitirles a todos quienes la practiquen entender el punto de vista de los demás y abrir su mente a nuevas ideas.

Mientras, te cuento sobre el *pain storming.* Esta va más enfocada al mundo empresarial, pero igual siempre se puede adaptar. El *pain storming* consiste en reunirte con tu grupo de trabajo y hacer una lluvia de ideas de todo aquello que puede estar molestando a los usuarios del producto o servicio que estás ofreciendo o quieres ofrecer, lo que te da la posibilidad de desarrollar ideas de cambio o mejora a partir de detectar esas flaquezas o necesidades. Es importante que apuntes todas las ideas que surjan, sin importar si se les hacen buenas o malas, sin juzgarlas. Al final pueden descartar las que no les parezcan en conjunto, pero apunten todo. Verás qué fácil es olvidar los *insights* más importantes si no llevas un registro.

¿Cómo le hago para innovar?
Además de las técnicas mencionadas, hay muchísimas maneras de innovar, como pueden ser:

- **Diseñar o rediseñar algo.** Si algo nos enseñó Apple, es que el diseño sí importa. Hicieron algo que en su momento nos parecía del futuro y cuyo discurso nos sacudió y gritó que los *smartphones* serían el próximo tornado en nuestra vida. Aseguran que una imagen dice más que mil palabras, pero yo creo que un buen diseño puede decir más que un millón.
- **Cambiar el modelo de negocio.** Piensa en un negocio que ya exista pero que tiene áreas que podrían mejorar; que tú podrías mejorar. Recuerda cómo Uber y

INNOVACIÓN

> Airbnb tomaron un servicio que existía, lo adaptaron a nuevas necesidades que detectaron y ¡pum! Ya conoces el resto de la historia.
> - **Combinar productos.** A veces hay productos que, como el huevo y el jamón, separados funcionan bien, pero juntos lo hacen mejor. Observa con atención.
> - **Reinventar procesos.** La innovación viene desde los procesos. Piensa de qué manera podrían ser más eficientes o podrían marcar una diferencia sustancial en tus resultados.
> - **Subirte a la ola digital.** Identifica qué componentes de tu negocio podrían digitalizarse y optimizarse. Recuerda que la tecnología es una herramienta de enorme alcance que, de usarse correctamente, puede impulsarte a niveles jamás esperados. Además, para existir tienes que estar en la red, no hay de otra. Piensa en Rappi o Uber Eats. El servicio a domicilio en restaurantes ha existido desde hace años, pero haberlo pasado a una aplicación lo cambió todo. Ahora hay *apps* hasta para que el peluquero vaya a tu casa a cortarte el pelo. Lo digital, sin duda, es lo de hoy.

¿POR QUÉ INNOVAR SI DURANTE AÑOS ME HA FUNCIONADO NO HACERLO?

Esta es la clásica pregunta de muchos, sobre todo de quienes dirigen grandes empresas, mismas a las que por convicción o ignorancia les cuesta desprenderse de sus muy queridas (y arcaicas) fórmulas. Sí, es verdad que hay cosas que funcionaron durante mucho tiempo y que quizá hoy sigan «sacando la chamba», pero hay que analizar con atención, leer las letras pequeñas y hacernos las preguntas correctas. ¿A costa de qué está sacando la chamba? ¿Por cuánto tiempo más lo hará? ¿Es esa la mejor manera de hacerlo? y, sobre todo, ¿mi competencia está haciendo algo diferente y que funcione mejor?

Una frase que repito con frecuencia es la de Peter Drucker: **«La innovación no es difícil, lo difícil es dejar de hacer lo que ha funcionado en el pasado».** Esto es lo que normalmente les cuesta trabajo a las empresas, dejar de hacer algo viejo para hacer algo nuevo. La buena noticia es que esta es precisamente la oportunidad que tienen los emprendedores, que pueden moverse mucho más rápidamente e innovar quitándole mercado incluso a los gigantes corporativos.

> EL MUNDO CAMBIA, QUIEN NO ESTÉ DISPUESTO A CAMBIAR CON ÉL ESTÁ CAVANDO SU PROPIA TUMBA.

En 2020 en México había poco más de 3.9 millones de micro, pequeñas y medianas empresas (mipymes). De hecho, México es de los países más prolíficos en cuanto al autoempleo y la creación de empresas se refiere, lo cual sin duda nos convierte en un país con tendencia fuerte hacia el emprendimiento. El problema es que la mayoría de estas empresas no se diferencia de sus contrapartes. Piensa en una tienda de abarrotes, un puesto de hot dogs o una tintorería, todos son iguales, y al no diferenciarse se les complica crecer y trascender en el mundo de los negocios. Esto pasa en todo Latinoamérica y en gran parte del mundo en desarrollo.

Y ahí te va la nota a nivel macro: cada vez dura menos el liderazgo de las empresas si dejan de innovar. Si creabas una empresa a principios de 1800 probablemente tenías 200 años de ventaja antes de que alguien pudiera quitarte el liderazgo, en 1900 solo

100, ahora son menos de 15 años de ventaja antes de que alguna nueva empresa, quizá enfocada en un nicho específico, se empiece a comer tu mercado. La cultura del emprendimiento está cada vez más esparcida por el mundo y cada vez es más barato y rápido crear nuevas empresas, por lo que ahora con mucha mayor frecuencia se crean emprendimientos que retan a las compañías establecidas.

A esto me refiero cuando hablo de lo importante que es innovar, **da igual si eres un pez grande o pequeño, el mar está en constante movimiento, y tienes que nadar si no quieres que te arrastre.** Muchas empresas no lo hacen y eso las debilita y termina por amenazar su capacidad de persistencia.

La innovación es un ingrediente tan importante para el éxito que toda empresa hoy en día necesita un «Departamento de Innovación» que constantemente esté encontrando maneras de innovar, que estudie las técnicas para hacerlo y las ponga a caminar. Es más, una empresa no solo debería contar con un área de innovación, también sería importante que tuvieran un «Departamento de Obsolescencia», en el que se dedicaran exclusivamente a experimentar con sus productos y servicios, y encontrar la manera de identificar lo obsoleto antes de que alguien más lo haga.

Ahora bien, si lo empresarial no es lo tuyo y estás aquí más bien para alcanzar un mérito personal, no te preocupes, no te he olvidado. La innovación es igual de importante para tu proceso y camino hacia el éxito. Las mismas herramientas y consejos anteriormente esbozados aplican también para ti, pues un propósito grande como el tuyo requiere de una persona que se salga de la caja, vea siempre al gorila y busque la manera de hacer las cosas diferentes, mejores. **No importa el ámbito en el que te muevas ni el objetivo que persigas, innovar es parte del proceso.** Ahora que eres consciente de que tienes que hacerlo, busca constantemente proponerlo y efectuarlo. El tiempo no perdona, así que te recomiendo ir un paso adelante. La elección está solo en tus manos: ¿quieres innovar o esperarás a ver cómo alguien se te adelanta y lo hace por ti?

TIPS PARA INCREMENTAR TU CAPACIDAD DE INNOVAR:

1) **Mantén una mente abierta.** Para poder innovar debes estar dispuesto a escuchar a los demás, no encerrarte únicamente en ti y en tus ideas. Escuchar a otras personas, como pueden ser tus clientes, amigos, proveedores, o en general a gente que tenga otra perspectiva de las cosas, te permitirá crecer como profesional y, más importante aún, como ser humano.

2) **Húyele a la terquedad.** La terquedad es uno de los mayores enemigos de la innovación porque nos impide ver cosas nuevas, cuestionarnos y buscar alternativas, es decir, nos impide innovar. Mantener una mente abierta, por el contrario, será tu mejor amigo para encontrar la inspiración que necesitas y darte cuenta de que el mundo es mucho más amplio, distinto y diverso de lo que algún día tu *miss* de primero de primaria te quiso hacer creer.

3) **No te precipites a descartar ideas.** Cuando tengas una o muchas ideas, antes de meterla al cajón del «mejor no», toma un respiro y cuenta hasta 10. Haz una lista de todas tus ideas y léelas cuidadosamente para identificar aquellas en las que tu conocimiento o experiencia puedan generar un verdadero cambio.

4) **No te conformes (¡y para la antena!).** Es cierto que hay cosas que funcionan bien, pero también hay muchas que se pueden mejorar. La conformidad nos hace flojos e inhibe el potencial que tenemos de mejorar, así que mejor cambia ese «pues ya qué» o «así está bien» por una curiosidad que te permita detectar lo que se puede mejorar en cualquier producto o servicio, y darte

cuenta de que no todo se ha inventado, sino que, por el contrario, hay muchas oportunidades para innovar.
5) **Rodéate de la gente correcta.** Una vez que hayas encontrado alguna o muchas ideas en donde creas que puedes aportar, apóyate de expertos en la materia. Arma un equipo de trabajo que complemente tus conocimientos y verás cómo con esa colaboración, podrás desarrollar tu proyecto o dar lugar a la innovación mucho más fácil que haciéndolo solo. Eso sí, tienes que comprometerte a escuchar, ser paciente y darte el tiempo de entender el punto de vista de todos con quienes compartes esta experiencia. Si lo haces, créeme, ¡te vas a sorprender!

APRENDIZAJE
para llevar

Nunca pienses que tus ideas son absurdas o ridículas, no hay peor idea que la que no tienes. Ante la duda, recuerda a Netflix y el monstruo en el que se convirtió porque encontró que las cosas podían hacerse mejor y luchó por demostrarlo. Innovar te hace diferente, te hace crecer, te hace destacar... te hace exitoso.

QUÉ SÍ Y QUÉ NO

LO QUE SÍ	LO QUE NO
• Recuerda que siempre hay una mejor manera de hacer las cosas. • Ve al gorila. • Atrévete. Solo así podrás innovar. • Apuesta por productos que generen valor y mejoren la vida de la gente. • Apóyate en las técnicas que existen para innovar. Serán tus mayores aliadas. • Haz equipo con la gente correcta. • Diferénciate, con lo que sea, como sea.	• Resistirse a la innovación. • Desechar tus ideas por pensar que son ridículas. • Cerrar tu mente. • Dejar de buscar alternativas. • Pensar que se es muy joven o muy viejo para innovar. • Olvidar que el mundo gira y cambia, y que si te niegas a hacerlo con él, serás un dinosaurio más.

EJERCICIO

Ahora sí, te voy a contar de qué va la técnica de innovación llamada **«Los seis sombreros de De Bono»**. Sí, nuestro amigo que ideó los abanicos conceptuales vuelve a hacerse presente pero ahora en forma de sombrero.

Esta técnica consiste en formar un grupo de seis personas con tu equipo, tus socios o tus cuates, y por otro lado, tener seis sombreros de colores distintos. Cada persona elegirá un color de sombrero diferente; la idea es que el color de sombrero que cada quien tenga defina la postura que le toca defender o la perspectiva desde la cual le toca argumentar.

Por ejemplo, al cuate al que le toque el **sombrero negro** le toca ser totalmente pesimista y negativo en cualquier opinión que tenga; todo el tiempo tiene que pelear y argumentar con ese tono. «No, esto no va a funcionar por x y y variables» sería una de sus frases.

Mientras tanto, habrá otro cuate al que le va tocar ponerse el **sombrero amarillo**, entonces él va a ser el que hable en tono optimista, positivo, y dirá cosas como: «¡Claro! Esto sí va a funcionar por esto y por lo otro».

Otro tendrá que usar el **sombrero verde**, que es el creativo, y ese cuate todo el tiempo tiene que estar pensando en soluciones creativas para resolver el problema que se está discutiendo. «¿Por qué no hacemos esto? ¿Y si intentamos por acá?».

Luego hay otro cuate cuyo **sombrero blanco** corresponde al rol del objetivo, entonces casi lo único que puede hacer es citar hechos y arrojar cifras. «La información que tenemos dicta esto y esto, por lo que quizá no sea viable hacerlo por esa vía», por ejemplo. Encontramos también a quien hablará desde la subjetividad, con puras emociones y opiniones de por medio con su **sombrero rojo** en la cabeza; y a quien le tocará ponerse el **sombrero azul** y actuar supernormativo, apegándose totalmente a las reglas y al «deber ser».

Aquí el objetivo es que durante seis rondas te cambies los sombreros, de modo que cada integrante pase por cada uno de ellos y deje de aferrarse a que su postura o manera de ver las cosas es la única que está bien. Es un ejercicio que ayuda a ver y entender los distintos puntos de vista y, por consiguiente, a ver al gorila.

Hazlo, y me cuentas qué tal te va; te aseguro que te vas a sorprender.

ENFOQUE

5

EL QUE MUCHO ABARCA POCO APRIETA.

Dicho popular

Regresa tu vista y lee bien el dicho popular que preludia este capítulo. ¿Ya? Seguramente lo has escuchado muchas veces en boca de tu mamá, de tu papá o de tus tías. Pero pocas frases envuelven de manera tan atinada la razón por la que el enfoque es una de las habilidades que deben estar presentes en quien quiera ser exitoso.

En efecto, **hacer muchas cosas a la vez o atender demasiados asuntos al mismo tiempo provoca que nuestra atención se fragmente y que se nos dificulte concentrarnos en lo que verdaderamente queremos o necesitamos sacar adelante.** En otras palabras, nos imposibilita enfocarnos.

A alguien que no tiene enfoque, si bien no está destinado a fracasar, le será mucho más difícil llegar a ser exitoso.

ENFOCARTE PUEDE LLEVARTE A CONSTRUIR IMPERIOS

Un ejemplo perfecto de lo útil que es el enfoque para alcanzar el éxito es el caso de Amazon, o mejor dicho, de su fundador, Jeff Bezos.

ENFOQUE

Era 1994 cuando el ahora empresario más rico del mundo renunció a su trabajo en una firma de Wall Street para emprender en el mercado del *e-commerce*. Pero Bezos no dio paso sin huarache, es decir, no se sumergió en el mundo del comercio web sin saber a qué se metía, pues según refieren textos biográficos sobre Bezos, antes de hacerlo ya había leído y analizado el mercado de internet y su futuro, descubriendo así proyecciones de crecimiento anual de 2 300% en este rubro.

Bezos procedió a enlistar los productos que él creía que podrían venderse eficazmente por este medio, obteniendo así una lista de cerca de 20 productos. Para el ahora magnate, 20 productos aún eran demasiados, por lo que la adelgazó aún más hasta tener cinco posibles productos de éxito para su negocio. Sin embargo, y dado que la demanda mundial de literatura tiene alcances monstruosos, Bezos concluyó que lo óptimo sería enfocarse en un único producto, los libros, para incursionar en el comercio *online*. Así, el empresario ofreció una amplia gama de títulos a precios bastante accesibles, lo que le supuso el éxito casi inmediato. Luego de dos meses de operar, las ventas de lo que en un principio se llamó Cadabra, alcanzaron los 20 mil dólares a la semana. Imagínatelo.

Eso es justo a lo que me refiero: Amazon empezó como una empresa que vendía libros, enfocada nada más a eso, y conforme fue creciendo la industria, cambiando el mundo y expandiéndose el *e-commerce*, creció hasta vender prácticamente lo que fuera. Ahora ya no solo es una empresa que vende cosas, ya incluso las produce y recientemente mandó personas al espacio. **Y sí, todo empezó con enfoque.**

Si Jeff Bezos hubiera dicho desde un principio: «Quiero hacer la empresa de *e-commerce* más grande del mundo y además tener una compañía espacial», te aseguro que no hubiese tenido el éxito del que goza ahora.

Con frecuencia me encuentro con muchos emprendedores que me hacen un *pitch* de su proyecto y a la mitad me dicen: «Oye, es que además de este tengo otro proyecto». Y para mí ese es el fin de su *pitch*, ahí quedó. Ya no me interesa invertir en lo más mínimo, porque es claro que no están enfocados en el proyecto que me están vendiendo, lo que indudablemente hará más difícil cumplir los objetivos a los que pretenden llegar.

De por sí es dificilísimo emprender un proyecto, ¿y ahora súmale otro? Se vuelve mental y espiritualmente muy complejo. Es como cuando estás haciendo algo y de repente te pones a hacer una segunda cosa; claro que pierdes el foco de la primera, y es probable que también hagas la segunda a medias. Hay veces que no te puedes dar el lujo de dispersar tu atención.

El enfoque es la puerta de entrada a todo tipo de pensamiento: de percepción, de memoria, de aprendizaje, de razonamiento, de resolución de problemas, de toma de decisiones. Si nos distraemos y perdemos el enfoque, nuestra habilidad de pensar se ve afectada, y la efectividad de nuestro trabajo, ni se diga.

Para ser productivo, hay que saber en qué enfocarse. Para ser eficiente, hay que saber cómo enfocarse. Esto primero tiene mucho que ver con la capacidad de hacer una jerarquía de tus prioridades. Dwight David Eisenhower, el exgeneral y expresidente estadounidense, tenía una gran técnica para priorizar y por lo tanto simplificar nuestro proceso de planeación. Su principio o matriz se desdobla en cuatro cuadrantes, que se ve así:

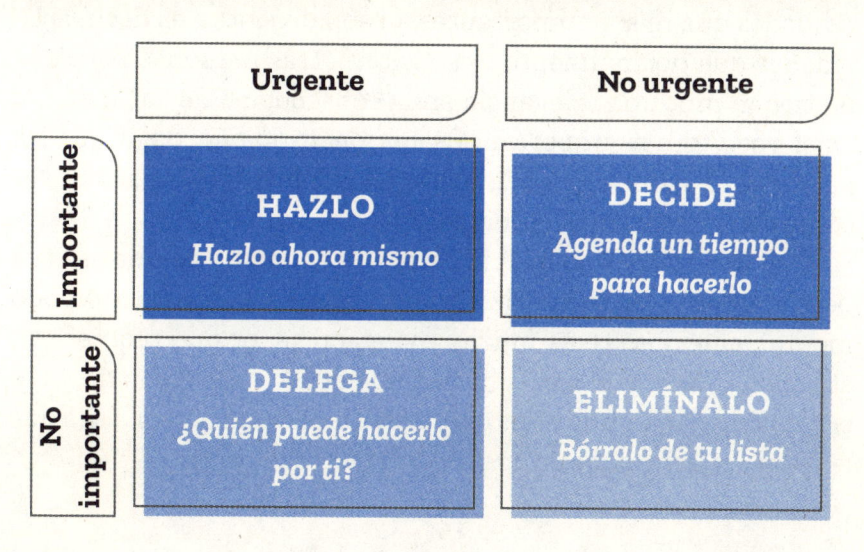

	Urgente	No urgente
Importante	**HAZLO** *Hazlo ahora mismo*	**DECIDE** *Agenda un tiempo para hacerlo*
No importante	**DELEGA** *¿Quién puede hacerlo por ti?*	**ELIMÍNALO** *Bórralo de tu lista*

Primer cuadrante. Aquí van las actividades importantes y urgentes. Típicamente pueden ser el resultado de procrastinar (dejar las cosas para el último), en cuyo caso se pudieron haber resuelto con una buena planeación antes de generarse esta condición, o bien, del resultado de una crisis o emergencia que no se tenía planeada. En cualquier caso, estas actividades hay que clasificarlas en la más alta prioridad y hacerlas lo más pronto posible.

Segundo cuadrante. Son las actividades importantes, pero no urgentes. Aquí lo recomendable es planear con antelación para evitar que se vuelvan urgentes, siempre considerando que pueden surgir nuevos problemas que no has planeado y que podrían afectar su realización. Si ya las tienes en tu lista, agenda un tiempo para resolverlas.

Tercer cuadrante. El tercer cuadrante son las actividades no importantes pero urgentes. Estas, aunque normalmente vienen de otras personas, son necesarias para completar algún objetivo en el que estás involucrado. Lo mejor que puedes hacer aquí es delegarlas a tu equipo de trabajo o a la persona que las trajo a tu atención. Si no puedes delegarlas, hazlas tú una vez que acabes las anteriores.

Cuarto cuadrante. El último cuadrante nos pide poner las actividades que ni son importantes, ni son urgentes, es decir, actividades que normalmente te solicitan otras personas pero que no tienen ninguna relevancia en la consecución de tus metas u objetivos. Aquí es importante saber decir que no, dejar que las personas responsables lidien con ellas y olvidarlas para poder concentrarte en todas las demás.

¡Haz la prueba! Toma lápiz y papel, y acomoda de una vez tus pendientes según la matriz. Cuando logras hacer este acomodo mental, entonces te es mucho más fácil saber qué requiere tu atención primero. El cómo, bueno, no hay técnicas como tal, pero sí te puedo dar algunos tips que, a mí, siendo una persona a la que le cuesta mucho hacerlo, me han servido bastante.

ALGUNOS TIPS QUE TE PUEDEN AYUDAR A ENFOCARTE

1) **Antes de pretender enfocarte, mentalízate.**
Enfocarse requiere que prepares tu mente para hacerlo. Tienes que tranquilizarte y ser muy consciente de aquello en lo que necesitas enfocarte. Para que esto ocurra, a mí me es muy útil preparar el ambiente en donde trabajaré, de modo que me inspire y sea congruente con la tarea a realizar.

Por ejemplo, yo tenía claro que este preciso instante se lo iba a dedicar a este capítulo del libro, así que traje a mi oficina un vaso con agua, una botana, cerré la puerta y pedí que no me molestaran un rato... Todo lo necesario para crear una atmósfera que me invitara a ser productivo, eficiente, eficaz, y que evitara a toda costa que me levantara de la silla, pues yo sé que si me paro por agua o voy por algo de comer, me desconcentro. Especialmente si lo hago de manera constante.

2) **Puedes ocuparte en muchas cosas a la vez, pero no te puedes enfocar en muchas cosas a la vez, hay una diferencia.**
Yo me considero un *multitasker*, es decir, puedo hacer varias cosas al mismo tiempo. Si estoy en una llamada de trabajo, puedo también estar viendo algunos asuntos en el celular, pero la realidad es que malabarear actividades así dificulta mucho enfocarse de lleno en una sola, por lo que cuando necesito que mi atención esté totalmente abocada a una tarea, así lo hago, me enfoco. De lo contrario simplemente no sale.

3) **Vivirlo hoy para lograrlo mañana.**
Parte importante de poder enfocarse es aprender a vivir el momento, entender por qué estás enfocado y, sí, disfrutarlo. En mi caso, yo sé que dedicar el tiempo a escribir esto me llevará a hacer un libro, y al terminarlo habré logrado una de las metas que está en sintonía con mi gran

propósito de vida, que, como te conté hace unas páginas, es ayudar a las personas a encontrar su camino y lograr grandes cosas.

4) **Recuerda por qué lo haces.**
Repite tu propósito las veces que sea necesario, pues en muchas ocasiones será el combustible que te hará falta para hacer las cosas o, en este caso, para enfocarte. Si no estás convencido de que la acción que se está llevando a cabo te llevará a lo que estás buscando, es mucho más probable que tengas problemas para enfocarte. Siempre es bueno recordar por qué hacemos lo que estamos haciendo.

Hay una anécdota del escritor y *speaker* Simon Sinek, uno de los grandes motivadores de nuestros tiempos, que me parece relevante para explicar este punto. Él cuenta que un día estaba corriendo en Central Park con un amigo suyo, cuando llegaron al final de la ruta, ya algo hambrientos por el ejercicio, vieron que había una larga fila de personas esperando porque les darían un bagel gratis. Entonces Simon le dijo a su amigo: «Vamos por un bagel», a lo que su amigo respondió: «No lo sé, la fila es muy larga». Y Simon insistía: «Es un bagel GRATIS». Y su amigo contraatacaba: «Pero no quiero esperar, ve la fila». Ahí Simon entendió que había dos maneras de ver el mundo: algunos ven la cosa que quieren y otros lo que les impide conseguir lo que desean. En otras palabras, hay quienes logran enfocarse en ese propósito mientras otros solo se enfocan en las barreras. Y ahí está la diferencia entre alguien exitoso y un mero soñador.

5) **Mantente inspirado.**
Pocas cosas nos motivan tanto a estar enfocados como tener presentes las cosas y personas que nos impulsan a vivir y alcanzar nuestras metas. En mi caso, está un Bezos, un Musk, pero en la base de la pirámide están mis hijos. Nada me recuerda e impulsa más a enfocarme

en cumplir mi propósito que ver cómo mi hijo Alan, que ha practicado guitarra sin cansancio desde que era un niño, hoy a sus 21 años, y pese a que yo fui quien le enseñó a tocarla, me da 10 mil vueltas. Y eso lo logró porque se enfocó y se esforzó en sacarlo adelante. O mi hija Jacky, que tras varios tropiezos en el colegio con la materia de Biología, logró obtener 10 en un examen que había reprobado antes. ¿La clave? Se enfocó en estudiar, en sacarlo adelante. Ellos me dan las lecciones más grandes de todas, y no solo en la cuestión del enfoque.

6) **Tómate un *break*.**
Irónicamente, parte importante de enfocarse también es saber dejar de hacerlo. Es sano de repente tomarte un tiempo para desconectarte y despejarte. De hecho, grandes transformadores tecnológicos, como Bill Gates, le atribuyen a esta capacidad de cambiar de chip el crédito de algunas de las estrategias e innovaciones más efectivas.

Es como cuando estabas en la escuela y tenías algún examen muy importante, que estudiabas muchísimo (si eras de los aplicados) y en algún punto tu propia mente y cuerpo te decían «¡por favor ya!» porque estabas saturado. Entonces te parabas, ibas quizá a dar una vuelta al parque o bajabas por una botana, y luego regresabas. A veces desenfocarse por un periodo decente hace que, al regresar, te des cuenta de cosas que el estrés y el cansancio no te permitían ver.

El enfoque aplica para lograr tanto un objetivo en un periodo corto como para encaminar tu vida a lo que quieres hacer. Por ejemplo, si tú quieres ser abogado, en eso te tendrás que enfocar, por lo que todas tus acciones deberán obedecer a ese gran objetivo. Esto también se puede extrapolar a algo más pequeño o cotidiano como hacer un pastel. Como dice Bruce Lee: «El guerrero exitoso es un hombre promedio, con enfoque extraordinario».

Sin importar qué hagas, enfócate. Enfócate en lo tuyo, en esas actividades que te harán acercarte a tu propósito y verás lo ligero que se volverá tu andar.

Ahora, recuerda que en ocasiones las circunstancias cambian o las cosas no salen como se planearon. Pero no te apaniques, estarás bien. Ya hablaremos más sobre esto en el siguiente capítulo, pero siempre y cuando tengas tu propósito en mente, y te dispongas a enfocarte en este, es válido cambiar los pasos, la técnica y hasta la estrategia. Si a Jeff Bezos no le hubiera funcionado su apuesta por los libros, ¿crees que se habría rendido? Por supuesto que no, probablemente hubiera evaluado la falla y con su propósito en mano habría ajustado su enfoque, así, sin mayor drama.

Enfocarse no es fácil, te mentiría si te dijera lo contrario, y como todo, para algunos resulta más sencillo que para otros. Yo me incluyo en el bando de los que nos cuesta más hacerlo, pero al final, como todo lo que hemos visto y veremos a lo largo del libro, no es imposible; una vez que te lo propones, puedes hacerlo. Inténtalo.

APRENDIZAJE
para llevar

Habrá muchos obstáculos y circunstancias que querrán desviar tu mirada, pero ante eso, recuerda por qué estás haciendo lo que estás haciendo, por qué estás yendo a donde estás yendo, y dirige tu mirada al frente. Enfócate en tu objetivo. Esa es la única manera de llegar.

QUÉ SÍ Y QUÉ NO

LO QUE SÍ	LO QUE NO
• Identifica en qué y cómo enfocarte.	• Distraerte. Eso solo abrirá la puerta a una disminución en tu aprendizaje, razonamiento y productividad.
• Prepara tu mente y tu espacio para que enfocarte sea más fácil.	• Pretender enfocarte en muchas cosas a la vez; eso no se puede.
• Prioriza, como sugería Eisenhower.	
• Disfruta lo que haces.	• Olvidar por qué haces lo que haces.
• Tómate un descanso de vez en cuando, verás cómo hace la diferencia.	• Forzarte a estar enfocado «de más». Todo tiene un límite y nuestra mente lo resiente.

EJERCICIO

Vamos a ver qué tan enfocado estás con esta sencilla prueba:

¿TIENES CLAROS TUS OBJETIVOS?

- SÍ → ¿Te cuesta desglosarlos en acciones específicas?
- NO → ¿Piensas en otras cosas mientras realizas una actividad en particular?

¿Te cuesta desglosarlos en acciones específicas?
- SÍ → ¿Piensas en otras cosas mientras realizas una actividad en particular?
- NO → ¿Te cuesta trabajo ignorar distracciones?

¿Piensas en otras cosas mientras realizas una actividad en particular?
- NO → ¿Te cuesta trabajo ignorar distracciones?
- SÍ → Cuando estás concentrado en algo, ¿te tomas descansos?

¿Te cuesta trabajo ignorar distracciones?
- SÍ → ¿Regularmente pierdes el hilo de lo que estabas haciendo?

Cuando estás concentrado en algo, ¿te tomas descansos?
- SÍ → ¿Regularmente pierdes el hilo de lo que estabas haciendo?
- NO → ¿Te es fácil mantenerte alerta?

¿Regularmente pierdes el hilo de lo que estabas haciendo?
- SÍ → El enfoque no es tu fuerte
- NO → Enfoque es tu segundo nombre

¿Te es fácil mantenerte alerta?
- NO → El enfoque no es tu fuerte
- SÍ → Enfoque es tu segundo nombre

El enfoque no es tu fuerte

Lamento decirte que esta no es una habilidad que puedas presumir (aún). Te cuesta mucho concentrarte y eres muy sensible a estímulos externos, pero no te preocupes, el primer paso para mejorarlo, es saberlo. Ahora que lo sabes intenta ser mas consciente siempre que percibas que te estás distrayendo o se te está yendo la onda. Ah, ¡y relee este capítulo!

Enfoque es tu segundo nombre

¡Felicidades! Quizás haya cosas que mejorar pero en general, tienes esta habilidad muy sólida. Pero no cantes victoria, recuerda que para no perderlo y, por el contrario, reforzarlo, hay que practicarlo y practicarlo. Así que no te confíes, sigue ejercitándote en este rubro hasta convertirte en todo un *master* del enfoque.

RESILIENCIA

6

QUE NO TE DÉ FRÍO HASTA QUE TE COBIJE EL HIELO.

Dicho popular

Walt Disney fue despedido como caricaturista del periódico *Kansas City Star* porque su editor sentía que «le faltaba imaginación y no tenía buenas ideas». Después se dispuso a abrir su primera empresa de animación en la ciudad de Kansas en 1921, la cual quebró al poco tiempo. Pero no se detuvo ahí, en 1923, y de la mano de su hermano Roy, se fue a Los Ángeles y creó lo que hoy es Walt Disney Studios. Todos sabemos cómo resultó eso, Walt se convirtió en un precursor de las películas animadas y en uno de los jugadores más importantes de la industria del cine a nivel mundial. Aún mantiene el récord de más nominaciones al Óscar (59), con 22 de ellas ganadas. Además, fue galardonado con dos Globos de Oro, un Emmy y muchísimos otros premios que son solo una probada del increíble legado que ha dejado y del emporio que, a pesar de sus caídas iniciales, construyó para que hoy, a más de 50 años de su muerte, siga siendo casa de los sueños de miles de niños y adultos alrededor del mundo.

Oprah Winfrey, la famosa conductora estadounidense, nació en un hogar pobre en Misisipi. Hija de una adolescente de bajos recursos, sufrió abusos durante su niñez y perdió a un bebé justo después de su nacimiento cuando ella apenas tenía 14 años. Winfrey intentó trabajar en periodismo, pero en uno de sus primeros trabajos en televisión el productor la declaró «no apta para el medio» y la despidió. Hoy es probablemente la mujer más poderosa en los medios, produjo y condujo el programa más exitoso en la historia de los *talk shows* de la televisión estadounidense y marcó un precedente para los formatos televisivos alrededor del mundo. Esto le ha valido ser conocida como la Reina Mediática y convertirse en la primera persona de color multimillonaria.

Disney y Winfrey tuvieron una cosa en común: no desistieron, no se rindieron. Cada uno en su tema, cada uno en su momento, pero ambos llegaron a tener el máximo de los éxitos. Y como ellos hay decenas de historias. Pensar que el fracaso es un motivo para dejar de lado tus sueños o, peor aún, que existe una vida sin fracaso es un error. **El fracaso no solo es inevitable, también es necesario. Sin fracaso no sabrías cuándo tienes éxito, y no lo disfrutarías tanto.**

Recuerda lo que vimos en el primer capítulo sobre la *jutzpá*. La comunidad israelí que hoy es exitosísima lo debe en gran parte a que aprendió a quitarle al fracaso esa connotación negativa que erróneamente nos han inculcado. En su lugar, han aprendido a abrazarlo y sacarle el mayor provecho posible; en otras palabras, a ser resilientes.

¿RESI... QUÉ?

Hay habilidades que son recomendables y otras que son indispensables para ser exitoso. La resiliencia está en la columna de las indispensables. Así de importante es este capítulo. Pero ¿por qué? Ser resiliente, querido lector, se refiere a **tener la capacidad de superar cualquier adversidad y salir fortalecido.** Se trata, tal y como lo han hecho absolutamente todas las personas que de una u otra manera llegan a tener éxito, de aguantar los golpes y, a pesar del aparente fracaso, mantener la cabeza en alto y enfocarse en lo que sigue; de levantarse y continuar aún más fortalecidos. Pero no se trata solo de fallar y seguir cometiendo los mismos errores múltiples veces, no, sino de **fallar con conciencia:** hay que entrar en un proceso de análisis y retroalimentación para saber en qué se falló, en qué se acertó y qué cosas se deben cambiar a la próxima. Es decir, hay que saber cómo calibrar la estrategia. La única manera en la que un fracaso es considerado como tal es si dicha falla no te dejó una lección, y eso está en ti, no en la falla.

Una persona que no es resiliente difícilmente llegará al éxito; si no es capaz de entender que el fracaso no es un obstáculo, sino un peldaño, nunca podrá alcanzar sus metas ni cumplir su propósito.

Ahora bien, de la mano de la resiliencia viene otra habilidad increíble: la perseverancia. ¿Por qué hacen mancuerna? Porque la resiliencia es la que nos recordará que los problemas o imprevistos siempre van a existir y que, lejos de verlos como detractores, debemos verlos como propulsores que nos empujen a seguir luchando por alcanzar nuestras metas una y otra vez, es decir, a ser perseverantes. Visto de otra manera, la perseverancia es cuando aplicas la resiliencia hacia un objetivo en particular.

«Si fuera fácil, cualquiera lo haría», dicen por ahí, y como seguro ya has advertido, ser exitoso no es cosa fácil y por eso no todo mundo llega a serlo. Es común que a la primera dificultad o a la primera pelea perdida la gente se dé por vencida, y claro, si a la primera gota de sudor te quieres sentar a descansar, ¿cómo vas a llegar? Sé que puede ser duro, agotador, pero te prometo que **entre más nos cueste, más satisfacción nos va a dar.**

Seguro que has escuchado de J. K. Rowling, la autora británica que creó el mundo de Harry Potter. Hoy nos es fácil hablar de ella como una persona exitosísima por estar detrás de una de las franquicias literarias y cinematográficas más grandes del mundo, pero no todo su camino fue de rosas y puertas abiertas. «Muchas gracias por darnos la oportunidad de tomar en consideración su novela, que hemos leído con mucho interés. Sin embargo, lamentamos haber llegado a la conclusión de que no podríamos publicarla con éxito comercial» fue la respuesta que recibió de la editorial Constable & Robinson luego de haberles mandado su manuscrito. ¡Imagínate el coraje de saber que rechazaste un libro que hoy hasta tiene parque de diversiones!

Seguramente en el momento en que la escritora recibió el rechazo le dolió, pero aquí está la lección: eso no hizo que dejara de buscar. Ella creía que su novela era buena y convirtió cada rechazo en su gasolina para probarles que se habían equivocado. Y vaya que lo hizo.

Lamentablemente no puedo decirte cuántas veces tienes que intentarlo para lograrlo ni cuántos intentos son suficientes para decidir abandonarlo, pues no hay un número exacto que te asegure que vas a triunfar. Cada caso es completamente distinto.

RESILIENCIA Y PERSEVERANCIA EN SU MÁXIMA EXPRESIÓN: EL CASO DE LOS SOBREVIVIENTES DE LOS ANDES

Hace unos años tuve la oportunidad de asistir a una conferencia que me cambió la vida. Se trataba del testimonio de algunos de los sobrevivientes de la conocida «Tragedia de Los Andes», que ocurrió a principios de los años setenta.

No sé si has oído hablar de ella o has visto la versión hollywoodense de la película (¡Viven!), que por cierto es excelente, sobre el terrible caso de la aeronave que transportaba a los miembros de un equipo uruguayo de rugby en un viaje de Montevideo a Santiago de Chile, y que se estrelló en la cordillera de Los Andes.

A bordo viajaban un total de 40 pasajeros y cinco tripulantes, de los cuales 12 murieron al instante, 17 más lo hicieron los días siguientes por agravamiento de heridas y falta de alimento, y únicamente 16 sobrevivieron. Dieciséis personas que tuvieron que decidir entre utilizar los cuerpos de sus compañeros fallecidos como fuente de alimento o morir, que tuvieron que enfrentar adversidades que probablemente ni tú ni yo nos imaginamos para poder vivir un día más. Así, hasta cumplir los 72 días desde que el accidente tuvo lugar, y ser rescatados. Una historia en verdad espeluznante.

Hay muchas cosas que me impresionaron de su plática, pero dos en particular llamaron mi atención muchísimo. La primera, que ellos no estaban tratando de sobrevivir 72 días, estaban tratando de sobrevivir los próximos cinco minutos durante los 72 días, y así, de cinco en cinco, lograron sobrevivir.

La segunda, y quizá la más importante, es que ellos encontraron un radio en el fuselaje del avión. Al principio escuchaban a través de este que la fuerza aérea uruguaya los buscaba en la cordillera. Sin embargo, después de un tiempo, atestiguaron cómo la narrativa cambió de la búsqueda a que se les diera por muertos: la misión de rescate había parado por completo.

Cuando en esta conferencia se abrió el micrófono y tuve la oportunidad de hacer una pregunta, me fui por ahí. Los cuestioné sobre qué tan duro fue escuchar eso, que la búsqueda había parado. Su respuesta fue increíble; me dijeron que fue ahí cuando se dieron cuenta de que su supervivencia dependía de ellos y de nadie más y que eso fue parte de lo que les dio la fuerza para finalmente salir con vida de la montaña. Y es que quizá la parte más importante de la resiliencia y la perseverancia es darte cuenta de que, **al final del día, las cosas dependen de ti.** Sin duda hay circunstancias ajenas a las que tienes que enfrentarte, pero de eso se trata, de adaptarte a dichas situaciones y seguir adelante para lograr tus metas.

En el caso del equipo uruguayo, hacer uso de su resiliencia y perseverancia era una cuestión de vida a muerte; en el tuyo, si no es así, la tienes mucho más fácil. Cuando escuchas su historia tus problemas palidecen por completo, y eso, como mínimo, debería darte la fuerza para superarlos.

FRACASAR CON CONCIENCIA

Para hacer tangible el beneficio que trae el equivocarse hay que saber extraer el aprendizaje. Si vas caminando en la calle, por decir algo, y te pegas con un poste de luz, seguramente te dolerá y te sentirás avergonzado, pero te recuperarás del golpe y al menos te servirá para aprender dónde está el bendito poste.

Ahora, si otro día vuelves a caminar por esa misma calle y te vuelves a pegar con ese mismo poste de luz, significa que el golpe fue en vano: no aprendiste nada de tu error, y en ese caso sí es un fracaso. Una cosa es equivocarse, que a todos nos pasa, y otra es equivocarse en lo mismo haciéndolo igual. En cambio, si aprendes dónde está el poste y lo esquivas a la próxima que te topes con él, entonces ya vas de gane porque aprendiste la lección.

Extraer el aprendizaje de cada error es esencial, pero no siempre es tan fácil como suena, pues hay lecciones que se esconden mucho más que otras. El poste, por ejemplo, es evidente que está ahí porque probablemente es enorme. Tu torpeza, pues también es fácil de identificar porque fue la que te llevó al tropezón. Pero hay errores que, a veces por orgullo y a veces porque el aprendizaje se va desempolvando con el tiempo, nos es más complicado identificar. Pero no te preocupes, aquí te voy a dar unas preguntas guía aterrizadas en un ejemplo que te ayudarán a hacerle esa autopsia al fracaso.

Imaginemos que decides montar un negocio de galletas. Empiezas a buscar proveedores para eficientar costos, y resulta que te recomiendan contactar a Chucho, que, según te cuentan, les vende harina a muchos comercios de ese giro y por muy buen precio. Arrancas tu negocio y un día alguien te escribe por redes sociales para hacerte un pedido grande, de unas 150 galletas. Te emocionas porque, aunque llevas poco con tu negocio, la gente ya confía en ti y ya encontraste cómo generar dinero.

Le haces tu pedido a Chucho y cuando llega el viernes por la mañana, día que él solía entregarte tu harina, te das cuenta de que no llega. Le mandas mensaje, le marcas, pero nada. Chucho no responde y tú tienes que entregar 150 galletas esa misma tarde. Sigues esperando, pero a eso de las 3 p. m. ya tienes que decirle a tu clienta que su pedido no va a salir a tiempo, que le vas a quedar mal.

¿Qué fue lo que salió mal? Hagamos una autopsia del fracaso:

¿Qué falló? Que Chucho te quedó mal porque andaba de parranda, o tuvo un accidente o algo le pasó, pero no se apareció. Y a falta de Chucho, tú acabaste quedándole mal a tu clienta.

¿Por qué falló? Porque imprevistos y accidentes nos pasan a todos, y a) no tenías un plan b para conseguir esa harina, y b) te esperaste hasta que fue demasiado tarde para reaccionar y no tuviste tiempo de buscar alternativas.

¿Se pudo haber previsto? La parte de que no cumpliera tu proveedor, quizá no. Pero pudiste haberte asegurado de tener la materia prima antes de aceptar los pedidos. También pudiste tener un proveedor de respaldo previamente en tu lista de contactos.

¿Qué pudo haber sido diferente para evitar que pasara? No depender de solo una persona, sino tener un proveedor de respaldo. Tener un guardado de harina «por si» o, aunque no como modo de prevención sino de contención, correr al súper por harina, aunque eso te implicara no ganarle nada al pedido.

¿Qué volverías a hacer igual? La verdad es que tuviste un muy buen tacto con tu clienta, tanto así que, aunque le quedaste mal, te dijo que te daría un día más para entregarle el pedido (resulta que su evento era mañana, no hoy, así que por ahora estás a salvo).

¿Qué no repetirías? Te aseguro que para la próxima no esperarás demasiado tiempo a que te responda Chucho, ni sobreestimarás la capacidad de tu negocio que apenas va empezando.

¿Cómo evitarás que se repita? Puedes comenzar asegurándote de llevar las cosas con más tranquilidad, que antes de cualquier pedido evalúes si tienes los recursos para hacerlo posible. Probablemente sea bueno que empieces a llevar un mejor registro de tu inventario y, la verdad, perdón, Chucho, pero lo mejor sería que cambiaras de proveedor si él de plano te quedó mal. También podrías hacer una lista de escenarios probables y sus respectivas soluciones para usar como manual de crisis la siguiente ocasión (que esperemos no la haya).

En todas las situaciones donde haya un fracaso, por la razón que sea, hay un aprendizaje que te puede ayudar a mitigarlo hacia adelante.

MUCHO OJO CON…

Hay ciertos aspectos que es importante considerar a la hora de practicar tu resiliencia y perseverancia. A continuación te enlisto algunos que a mí me hubiera gustado conocer cuando emprendí mi camino hacia el éxito.

1) **Confundir perseverancia con obstinación.**
Hay una línea delgada entre ser resiliente y persistente, y ser obstinado. ¿Y qué es la obstinación? No saber admitir que ya perdiste.

Llegar a este punto no es difícil y es bastante peligroso, pues no saber cuándo retirarte puede salirte caro. **Aunque es cierto que «el que persevera alcanza», hay que saber reconocer e interpretar las señales que nos dicen si es momento de seguir luchando, o si, por el contrario, es momento de pedir tregua.** Habrá batallas duras y algunas un poco más sencillas, algunas que ganes y otras que pierdas, pero esto se trata de entender que perder una batalla no significa que perdiste la guerra.

Si después de mucho pelear volteas y te das cuenta de que no hay más puertas abiertas o que puedas abrir, o que las oportunidades han cesado a tu alrededor, o te sientes ya muy desgastado, desganado y sin la motivación suficiente para sobrepasar lo que te impida continuar tu camino, quizá sería un error seguir peleando. Eso es exactamente lo que hay que cuidar: que no estemos cruzando esa frontera entre perseverancia y obstinación. Para eso, como ya mencioné, hay que observar y analizar hacia afuera, pero también saber hacerlo hacia adentro. En función de ese diagnóstico es como podrás tomar una decisión. Debes aplicar la máxima del «costo-beneficio» a la vida real, evaluando cuánto te está costando lo que estás haciendo (en términos de dinero, de tiempo, de esfuerzo, de paz mental) y cuánto te está dejando a cambio.

Imagina que antes de que empezara la pandemia tus planes eran lanzar una agencia de viajes. En eso llega este virus, nos encierra a todos y paran los viajes por completo, al menos por los siguientes seis meses, y, en consecuencia, no hay manera de que levantes tu agencia. Entonces, aunque tu sueño dorado era abrir esa agencia, simplemente determinas que no es el momento, pues la tendencia es que, bajo el contexto actual, la gente no va a viajar. Si te esmeras en abrirla, a pesar del contexto y las claras señales que este te grita, ahí estarías siendo obstinado, así que ¡aguas! No hay que rendirse antes de tiempo, pero tampoco hay que abusar cuando el resultado no justifica el esfuerzo.

Aquí la intuición (la cual tocaremos más adelante) también tiene un papel importante, pues para poder identificar todo esto deberás entrenar tu mente. Hacer un balance puro y duro de la situación involucrará muchas herramientas, pero sin duda la capacidad de percibir si la probabilidad de lograrlo es mayor que el riesgo de perderlo todo te dará un gran primer acercamiento.

Mucho tiene que ver también el entorno en el que estás y el apoyo que tienes para alcanzar tu meta. Y con entorno sí me refiero a lo que pasa con el mundo, pero también al apoyo de tu gente cercana. Debes analizar si tienes un círculo interno de soporte moral y económico, en tiempo de vacas gordas y, sobre todo, en tiempo de vacas flacas.

Si lo que estás haciendo se está llevando de corbata esa fuente de apoyo, debes preguntarte si vale la pena agotarla o no. Es difícil, pero constantemente tienes que hacer una balanza en la que ponderes: «Si hago esto, entonces pasa esto y perjudica o beneficia en esto», y así, con las cartas bien puestas sobre la mesa, ver cómo jugarás tu mano. No hay como la honestidad absoluta en todas tus autoevaluaciones.

2) **El fracaso no es el enemigo.**
Me extraña cómo nos aterra decir en voz alta que perdimos. No reconocemos el valor del fracaso como sociedad y lo estigmatizamos como algo negativo que debemos evitar a toda costa y esconder si es que llegamos a vivirlo. Si bien no se trata de buscar el fracaso de manera intencional, ya es hora de quitarle esos cuernos y cola para que en lugar de aterrarnos podamos (por fin) verlo como lo que es: algo completamente normal que no solo es inevitable, sino también necesario.

Hay una frase que, traducida, dice «solo porque falles una vez no significa que fallarás todo el tiempo», y es que el fracaso no es el final del camino, es simplemente un bache que debería de ayudarnos a entender cómo no hacer algo, a enriquecer nuestro conocimiento. Los errores y fracasos, precisamente, nos permiten conseguir después algo aún más grande. No puedes esperar que el camino sea perfecto, porque si no hay baches, tampoco vas a reconocer cuando los éxitos sean interesantes. Por suerte, para eso tenemos la resiliencia.

Para perder el miedo a fracasar, te recomiendo mentalizarte con lo siguiente:

a. **Atrévete a hacer las cosas sin pensar en el fracaso.** Te lo adelanto, sí lo habrá y está bien. Tu proyecto va a estar bien. Tú vas a estar bien.

b. **Una vez que falles, acepta el error y entiéndelo como una parte importante de tu crecimiento y tu camino**

hacia el éxito. «La experiencia es simplemente el nombre que les damos a nuestros errores», dice por ahí una frase que se le atribuye a Oscar Wilde. Y sí, si le cambiamos el juego a nuestro cerebro, y vemos eso que hoy duele como algo que mañana se convertirá en experiencia, pues ya le agarraste a la idea.

Imagina por un momento que antes de emprender tu camino hacia el éxito te dijeran: «Después de que cometas 28 errores, vas a ser exitoso». Estoy completamente seguro de que, si lo supieras, incluso te apresurarías a fallar. Querrías cumplir tu «cuota» de 28 errores para alcanzar el éxito. Es más, a la primera falla tu reacción no sería de derrota, sino de alivio, algo como: «Uf, qué bueno que ya pasó el primer error». Desafortunadamente no hay manera de saber esto, pero es un buen ejercicio para perder el miedo a equivocarse y aceptarlo como algo que ocurrirá y que de alguna forma u otra nos traerá algún beneficio.

3) **Las barreras mentales**

En 1983, cuando me inscribí para correr el primer maratón de la Ciudad de México, me di cuenta de lo mucho que puedes lograr cuando comprendes a cabalidad que tu mente tiene el total control de tus acciones, pero que tú tienes el total control de tu mente. En esa época yo era uno de los principales corredores de 800 metros del país y entrenaba todos los días atletismo, pero nunca había corrido una carrera de más de 10 mil metros. Retándome un poco, decidí que podía correr el medio maratón (21 km), que era más del doble de distancia de mi máximo histórico hasta el momento. Y aunque estaba bien entrenado físicamente y listo para correrlo, no me había mentalizado para ello.

Si has corrido un maratón alguna vez, no me dejarás mentir, llega un cierto kilómetro en el que simplemente ya no quieres correr más. A esto los maratonistas lo conocen como «la pared», y cuando te topas con esta, se sabe que estás más que dispuesto a ponerle punto final a tu participación en la carrera. Para mí, la pared llegó a eso del kilómetro 14, y en ese punto decidí ya no correr más. Sin embargo, cuando sucedió, mi papá, que estaba ahí apoyándome, me dio un poco de agua. «¿Sabes qué, pa'? Nos vemos en el siguiente kilómetro porque yo creo que correré uno más y ya. Ya no aguanto», le dije. Aún faltaban unos siete kilómetros, pero ya estaba hecho a la idea de que no había manera humana de terminar la carrera, me sentía en verdad agotado y desmotivado.

Esperando encontrar a mi papá en el siguiente kilómetro, seguí adelante pero no lo vi, por lo que seguí corriendo y seguí corriendo, sin la suerte de encontrarlo. De pronto, entre kilómetro y kilómetro buscando a mi papá, me di cuenta de que ya estaba llegando a la meta. No sé en qué momento pasó, pero cuando crucé la línea comprendí que en realidad no estaba tan cansado unos kilómetros atrás, sino que me había rendido antes de tiempo. Le hice creer eso a mi mente y mi mente me lo hizo creer a mí. Y claro, yo lo compré. A la fecha no sé si mi papá lo hizo como un incentivo para obligarme a terminar lo que ya había empezado, o simplemente se equivocó de lugar y nunca nos encontramos, pero sea como fuere, funcionó y llegué a la meta.

Las barreras mentales son otro gran obstáculo que puede impedirte llegar a tu cometido. Derribarlas es todo un reto, pero claro que se puede hacer, es cuestión de entrenar y tomar control de tu mente.

Mi recomendación es que entiendas y reconozcas que quien está poniendo esa barrera eres tú. Tu cuerpo y tu mente aguantan mucho más de lo que crees. De manera consciente o inconsciente, te frenas. Pero esto solo significa una cosa: tú eres el único responsable de quitar ese límite mental. Sí, por más irónico que suene, tú mismo eres el principal obstáculo a vencer en tu camino al éxito.

4) Conformarte haciendo aquello que no te llena.
Ser resiliente y perseverante tiene que ver, en gran parte, con qué tanto quieres aquello por lo que estás trabajando y qué tan importante es para ti.

Sin embargo, te sorprendería el número de veces que he visto a personas tirar la toalla en lo que sea que están haciendo porque, en el fondo, eso que perseguían no les movía nada en realidad. Si tú no estás convencido de hacerlo, y no sientes pasión o cariño por llevarlo a cabo y a término, es prácticamente seguro que te costará muchísimo trabajo sacarlo adelante, sobre todo en momentos de tempestad, y la tentación de rendirte será mayor. Por el contrario, cuando tienes un propósito claro, y sobre todo un propósito que añoras y por el que sientes pasión, es muy difícil que te rindas. Donde hay emoción, hay devoción, eso es seguro.

Por ello, **una recomendación básica (y para todo quien se deje) es que te dediques a eso que realmente quieres hacer, a eso que te mueve.** Por más cliché que suene, la vida es demasiado corta para hacer cosas que en el fondo no te interesan y no disfrutas.

Es común que, si estás en un trabajo que no te gusta, sigas ahí por creer que «no tienes de otra». Error, siempre hay de otra. Siempre hay alternativas y se puede hacer un cambio. Hay encuestas que dicen que más de la mitad de las personas en México trabaja en algo que no le gusta; ¿de verdad estás dispuesto a pagar el precio que eso conlleva? No lo vale, y lo sabes. Mejor sal, inspírate, apasiónate, arriésgate, actúa.

A mí, por ejemplo, me choca la rutina, así que me alejo de la monotonía. Todos los días me levanto y me encargo de que el día sea diferente. Tampoco se trata de que un día me vaya de safari a África y al otro a escalar una montaña, pero aun cuando hay tareas que forzosamente tengo que hacer, me esmero en encontrar la diferencia entre un día y otro y mantenerme entretenido sin importar la tarea en turno. Esto es muchísimo más fácil porque me dedico a lo que en realidad me gusta. Si encuentras tu pasión y puedes dedicarte a ella, tu vida será mucho más satisfactoria, de eso no tengo duda.

TRES CONSEJOS QUE TE QUIERO REGALAR

Para mejorar tu capacidad de resiliencia te sugiero tomar en cuenta estas tres cosas:

1) **Sé más optimista.** Todos tenemos días buenos y días malos, todos sufrimos, todos pasamos malos ratos y nos enfrentamos a adversidades. Hay quienes dicen con nostalgia: «Nuestra vida nunca será como antes», y hay quienes encuentran fuerza ante un descalabro. Tenemos la capacidad de interpretar nuestras situaciones como nosotros deseemos, lo que nos da el poder de influenciar nuestro destino. No olvides que los obstáculos y las situaciones que nos aquejan son, finalmente, oportunidades de fortalecernos y seguir adelante en nuestro camino. Hay dos opciones: ver el vaso medio lleno o verlo medio vacío, está en ti decidir bajo qué lente lo ves.

2) **Identifica lo que está bajo tu control.** Hay un gran dicho popular que insinúa que si puedes resolver algo, no debes preocuparte, y si no lo puedes resolver, de nuevo, no debes preocuparte. Si una situación puede

ser resuelta, entonces ocúpate en ello, planifica, define objetivos y trabaja hacia esa meta, pero si no puedes hacer nada al respecto, acepta la derrota y sigue adelante. Tómalo como un aprendizaje; como un momento que forja tu personalidad y marca tu vida, y ¡vámonos! a lo que sigue.

3) **Crea un sistema de apoyo.** La fortaleza personal es importante, sin duda, pero lo que en verdad genera resiliencia es la creación de un grupo de soporte. Tener cerca de ti a gente que pueda escucharte, entenderte, darte consejos y respaldarte hace toda la diferencia entre mantenerte motivado y sentirte solo; entre recordarte que eres parte de algo y sentir que eres un ente aislado. Saber que hay alguien al que le importamos y que nos apoya en las dificultades es realmente invaluable.

APRENDIZAJE
para llevar

Entender y aceptar que el fracaso no es tu enemigo mortal, sino tu manera de aprender, crecer y evolucionar, hará que tu viaje hacia el éxito sea mucho más llevadero y enriquecedor. En el camino todos se van a caer por lo menos una vez, pero el éxito será de quien logre levantarse listo para seguir adelante.

QUÉ SÍ Y QUÉ NO

LO QUE SÍ	LO QUE NO
• Sé resiliente y no desesperes. Intenta y vuelve a intentar. • Abraza el fracaso. • Entiende que la resistencia es fundamental para destacar en cualquier cosa que hagas. • Recuerda que si nuestros amigos de los Andes pudieron hacerlo, tú no tienes pretexto… Te la dejaron más fácil. • Cuando te caigas haz que valga, extrae el aprendizaje. • Forma tu red de apoyo, nada como un buen amigo cuando todo sale mal.	• Creer que equivocarse es una señal para dar fin a tu camino de manera tajante. • Ser demasiado orgulloso y egocéntrico como para no aceptar tus errores y, por lo tanto, no ser capaz de ver cómo mejorar. • Hacer las cosas igual y esperar que tengan un resultado diferente. • Confundir perseverancia con obstinación. Aprende a admitir cuando has perdido la batalla.

EJERCICIO

***PUERTAS CERRADAS,
PUERTAS ABIERTAS***

Este ejercicio es de lo más efectivo que he encontrado para trabajar la resiliencia, pues es una herramienta psicológica que te ayudará a reflexionar, identificar y actuar. Funciona de la siguiente manera:

> Piensa en un momento de tu vida en el que hayas pasado por un fracaso, por ejemplo: alguien te rechazó, te perdiste de algo importante o algún plan que tenías y que te tenía emocionado se vino abajo. Todo eso que te haya venido a la mente es lo que podemos clasificar como los puntos de tu vida en los que la puerta se te ha cerrado.

> Ahora, piensa en lo que pasó después. Después de que te dijeron que no obtendrías el trabajo, después de que intentaste emprender y no te fue como esperabas o después de que tu pareja te cortó o te pidió el divorcio... Después de todas estas situaciones que identificaste en el primer punto, ¿qué puertas se abrieron? ¿Qué hubiera pasado si esa primera puerta nunca se hubiera cerrado? ¿Qué cosas hubieras dejado de vivir?

No te limites, recuerda todas las experiencias que puedas y escríbelas aquí debajo:

La puerta que se cerró fue…	Las puertas que se abrieron gracias a eso son…

Ahora responde, ya sea en tu mente o de manera escrita, a las siguientes preguntas:

a. ¿Qué te llevó a que esa puerta se cerrara?
b. ¿Cuáles son los efectos de que esa puerta se haya cerrado?
c. ¿La experiencia te trajo algo positivo?
d. ¿Qué te ayudó a abrir una puerta nueva?
e. ¿Fue fácil o difícil darte cuenta de que una nueva puerta se abría?
f. Si fue difícil, ¿qué te impedía ver esa puerta?

g. ¿Qué harías la próxima vez para reconocer la oportunidad más pronto?
h. ¿Qué fortalezas afloraron a raíz de esta experiencia?
i. ¿Qué debilidades se hicieron evidentes?
j. ¿Qué aprendizaje te llevas a raíz de toda esa experiencia?

Por último, piensa en todas las personas que te ayudaron a abrir distintas puertas en el pasado. ¿Qué hicieron para ayudarte? Teniendo eso en cuenta, ¿qué puedes hacer tú para ayudar a otros a abrir las suyas?

Asegúrate de hacer este ejercicio con cada una de las experiencias enlistadas en la primera tabla, sé que puede parecer tedioso, pero cada pregunta te ayudará a ver la foto completa de la situación y, con ello, motivarte a seguir adelante, a ser resiliente (incluso cuando parezca imposible). Ya sabes lo que dicen: cuando una puerta se cierra, se abre otra. Aquí tienes toda la evidencia que necesitas.

INTUICIÓN E IMPROVISACIÓN

7

OJOS QUE NO VEN, INTUICIÓN QUE LO DETECTA.

Dicho popular

Llegamos a dos de mis habilidades favoritas, aunque quizá han sido las más infravaloradas de las que hemos repasado hasta ahora: **la intuición y la improvisación.** Como ya lo comentamos, en tu camino inevitablemente tendrás que encarar problemas y obstáculos imprevistos, y para ello, estas dos herramientas serán tus mejores aliadas: te ayudarán a accionar ante situaciones impredecibles y a tomar decisiones en momentos en que la información no esté a la mano. Por más complicadas y abstractas que parezcan, la intuición y la improvisación, como el resto de las habilidades en este libro, se pueden practicar y mejorar.

¿INTUICIÓN?

Esa habilidad que tenemos los seres humanos para darnos cuenta de las cosas de manera empírica, basados en nuestra experiencia y forma de pensar —y no necesariamente en procesos de razonamiento exclusivo— es la intuición. **Requiere que te enfoques**

más en el lado derecho del cerebro, el creativo, para conectarte con el mundo de manera profunda. No hay método científico, tan solo es una forma de percibir situaciones y riesgos, lo cual nos ayuda a definir el camino a seguir a falta de datos o información completa.

Esto último es importante: la intuición es un recurso que se utiliza cuando los planes fallan, cuando debes tomar decisiones a partir de eventos que llegaron de forma inesperada y requieren que actúes. Es una habilidad importante para ser exitoso, sí, pero jamás la confundas con tu plan base.

> La intuición es una herramienta para lidiar con situaciones no previstas. Sería un error ir por la vida siendo meramente intuitivos y ya.

Muchas de las personas más influyentes en el mundo admiten que suelen tomar decisiones basadas en la intuición, en lugar de hacerlo basándose únicamente en la lógica. De hecho, un estudio realizado por KPMG en 2016 arrojó que de 2 200 CEO evaluados, solo 33% confía en datos y analítica exclusivamente al tomar decisiones, mientras que, según PWC, 59% de los ejecutivos aseveran que el análisis que requieren hacer para decidir se basa principalmente en el criterio humano (o sea, su intuición) y no en algoritmos.

Echa un ojo, por ejemplo, a la lista de «prioridades personales» o máximas que el expresidente de Lenovo, William Amelio, hizo pública:

Sobre estrategia
- Enfócate en pocas decisiones cruciales.
- Una decisión es mejor que no tomar una decisión, pero no dejes que se te escape si no está funcionando.
- **Confía en tu intuición.**

Sobre la gente
- Comunica las grandes decisiones de forma regular y frecuente.
- No aguantes a quienes te incomodan.
- Arma un equipo con gente fiable.
- **Confía en tu intuición.**

Sobre uno mismo
- Obtén retroalimentación regularmente.
- Gana la confianza de otros.
- Hazte de credibilidad al mostrar tus vulnerabilidades.
- Sé consciente de que tienes fortalezas, y úsalas a tu favor.
- **Confía en tu intuición.**

Además de que es una gran herramienta para tomar decisiones cuando las cosas llegan de imprevisto, la intuición es una especie de instinto que complementa nuestro criterio y nos echa la mano para permanecer en movimiento. Es una herramienta poderosísima cuando se trata de ver por uno mismo, por la gente que nos rodea y por la estrategia que hemos de seguir, así que, ¡a trabajarla!

ACTÚA RÁPIDO

«UN BUEN PLAN BRUSCAMENTE EJECUTADO AHORA ES MEJOR QUE UN PLAN PERFECTO EJECUTADO LA PRÓXIMA SEMANA», afirmó el general veterano estadounidense George Patton, y sí, precisamente de eso se trata la intuición.

El tiempo no perdona. Las ventanas de oportunidad por lo general se van cerrando. Tienes que actuar mientras la ventana se encuentre abierta, de lo contrario, es muy probable que la pierdas. A finales de los años noventa, por ejemplo, ya sabíamos que internet estaba en boga y que seguramente América Latina sería la siguiente frontera, pero entre que nos dimos cuenta y explotó la burbuja de internet a principios de los 2000, muy poca gente supo aprovechar la inminente oportunidad. ¡Estaba ahí enfrente! Sin embargo, el plazo de la ventana pasó y se cerró.

Cuando llegue el momento de tomar una decisión usando tu intuición, no esperes a tener el 100% de la información, o, dicho de otra forma, si tienes una amplia mayoría de seguridad sobre algo, actúa. Recopilar ese pedazo faltante de información ciertamente saldrá más caro que actuar con el 80% que ya tienes. Incluso si te equivocas, el esfuerzo por corregir el error será mucho menor que la pérdida total a la que te expones si se cierra la ventana de oportunidad mientras esperas a ese 100% de certeza absoluta. Justo en casos como este entra en juego la intuición, que se vuelve ese tramo faltante que nos indica cuándo es momento de actuar.

Si te atreves a escuchar a tu intuición, tienes dos escenarios y un punto de encuentro. El primero es que todo salga bien, y avances. El segundo, que todo salga mal y tengas que retroceder. Y el punto de encuentro es que, sin importar la dirección, en ambos casos te moviste. Si por algo fue hacia atrás, bueno, algo habrás aprendido y probablemente a la próxima avances cinco pasos de una zancada, quién sabe. **Vale más la pena arriesgarnos, aun si nos equivocamos y en ese caso volver al principio, que mantenernos paralizados.**

Cuidado con la conocida análisis-parálisis

Cuando exageramos en la necesidad de recopilar y analizar información antes de tomar una decisión, dejamos de movernos y, naturalmente, nos terminamos estancando. ¡Y ese es el peor escenario posible! Una vez escuché una frase buenísima que ilustra exactamente esto: «Aunque

> estés en la vía correcta, si no te mueves, te va a aplastar el tren». O sea, muévete. A un lado, al otro, al frente o atrás, como sea, solo quítate de ahí.

Ahora bien, aplicar la intuición de manera correcta tiene mucho que ver con tu autoestima, tu experiencia y tu enfoque. **Muchas veces la razón por la que no creemos en nuestra intuición es porque nos da miedo creer en nosotros mismos y fiarnos de que la decisión que sintamos correcta en realidad lo sea.** Por eso es importante aprender a escucharnos y confiar en que la intuición no trabaja a ciegas, sino como un cúmulo de todas nuestras experiencias. Además, al tener convicción y certeza de aquello que se quiere lograr, es decir, estar enfocados en nuestro propósito, la intuición sigue esa misma línea por la que la has entrenado y hace que la decisión que tomes te acerque más a este.

Veamos un ejemplo. En 1914 Henry Ford, fundador de la marca de autos que lleva su apellido y que seguramente conoces, tuvo un problema sin precedentes: la demanda por sus autos comenzó a bajar y, a su vez, la rotación de empleados en su fábrica se incrementó. Como respuesta, hizo algo totalmente inesperado pero que su intuición le dictaba: a pesar de los problemas financieros que se vislumbraban, decidió duplicar el sueldo de sus empleados, y reducir el turno laboral de nueve a ocho horas. ¿El resultado? Logró ponerle un alto a las renuncias de su gente e hizo que la productividad, y, en consecuencia, las ventas, se dispararan, pues ahora sus propios empleados tenían el capital para comprar los autos que ellos mismos producían. Además, con la reducción en el horario, Ford pudo contar con tres turnos al día, en lugar de dos y así aumentar aún más su capacidad de producción.

Pero atento, la intuición no solo es cosa de negocios o emprendimientos, está presente en todos los aspectos de nuestra vida en los que tengamos que llegar a una resolución que nos permita seguir, sin importar lo que sea que tengamos enfrente.

Te voy a compartir un ejemplo personal. A mí siempre me gustaron las computadoras, desde niño. Mi papá llevó una Apple II Plus a casa y yo quedé maravillado. Desde entonces los juegos de computadora y la programación me cautivaron, tanto así que cuando entré a la universidad elegí la carrera de licenciado en Sistemas Computacionales Administrativos. Me estaba yendo superbien, hasta que un día mi intuición me indicó que programar sistemas no era algo que debía hacer el resto de mi vida, así que, sin darle muchas más vueltas, decidí escuchar esa peculiar sensación en mi pecho y apliqué para irme a estudiar fuera de México.

Como te conté hace un par de capítulos, tuve la oportunidad de estudiar la segunda mitad de mi carrera en Estados Unidos, becado en la Universidad de Pensilvania, enfocado en cine. Cuando esta etapa universitaria finalizó, todos los compañeros que tuve, locales y extranjeros, se quedaron a trabajar en Estados Unidos, pero yo tenía a mi novia en México y había algo que me decía que mi lugar no era allá, sino que debía regresar a mi país. Ese algo fue la intuición, y no se equivocó. Cuando regresé, inicié una carrera en cine, un camino que siempre me había apasionado, y esa novia hoy es mi esposa.

Y cuando digo que la intuición no se equivocó no es porque todo haya salido perfecto, de hecho, en el cine no me fue nada bien, pero eso no significa que mi intuición falló, pues de ahí abstraje muchos aprendizajes y me permitió casarme con Liza, el amor de mi vida, y comenzar a formar una familia. Años después tuve que tomar la decisión de continuar insistiendo con el cine, que seguía (y sigue) siendo mi pasión, o migrar al mundo del internet, donde veía una gran oportunidad de alcanzar el éxito. Mi intuición me decía que dejara atrás mis ganas de ser director y enfocara mi talento en algo que iba a pegar sí o sí, y que estaba relacionado con mi pasión original, las computadoras, y así lo hice.

Hoy que lo veo en retrospectiva, no cambiaría mis decisiones por nada. En ningún momento de los que relaté contaba con la información completa para tomar las decisiones que tomé, sin embargo, seguí mi intuición y estoy feliz de haberlo hecho, aun habiéndome equivocado en algunas de ellas, pues fue parte del proceso. Estoy plenamente satisfecho y sé que, aunque no pude cumplir mi sueño de ser director de cine, si no hubiera seguido mi intuición probablemente no habría generado impacto en el mundo de los negocios y en la vida de tantos emprendedores con quienes he tenido la oportunidad de trabajar y la fortuna de de guiar.

LOS BÁSICOS DE LA INTUICIÓN

1) **Reconoce tu intuición.** Lo primero es poder identificar cuando la intuición nos dice algo. La intuición no es una voz en tu cabeza que se escuche claramente, de hecho, los mensajes que nos manda son muy sutiles y varían de persona a persona. Se puede revelar como una corazonada, un pensamiento, palabras o imágenes que *flashean* en tu mente. A veces puede manifestarse físicamente generando un malestar estomacal, piel de gallina, una sensación de alivio o un mal sabor de boca. A veces son sentimientos de certeza ante un posible desenlace. Como sea que percibas tu intuición aprende a reconocerla y fuérzate a dedicarle tiempo a escucharla lo más seguido que puedas, muchas veces la sabiduría más valiosa viene de uno mismo.

2) **Confía en ti.** Mientras más fe tengas en tu intuición mejores serán los resultados y beneficios que saques de ella. Ya lo vimos: la confianza que tienes en tu intuición es directamente proporcional a la confianza que tienes en ti mismo, y mientras más confianza te tengas, más exitoso serás también.

3) **Medita.** La meditación te ayuda a conectar contigo mismo, a desarrollar tu mente y a percibir mejor. Te puede ayudar a muchas cosas en tu vida y entre ellas está el conectarte con tu intuición. En el mundo moderno hay tantas distracciones que el enfocarte en ti mismo y dedicarte unos minutos al día puede silenciar cualquier impulso externo y apoyarte a sintonizar tu mente y tus pensamientos. Como bien decía Paulo Coelho: «la intuición se trata de una repentina inmersión del alma en el flujo universal de la vida, donde todas las historias están conectadas y donde podemos conocerlo todo, pues todo está escrito ahí».

4) **Alimenta tu mente.** Absorbe todo el conocimiento que puedas, lee, ve documentales en televisión, viaja, visita museos y toma clases de lo que quieras. Escucha, realmente escucha a las personas con las que interactúas, intenta entender lo que te quieren transmitir, no solo lo que te dicen, trata de entender su punto de vista, su entorno, su experiencia personal, profundiza lo más posible en tus conversaciones. Toda la información que absorbas quedará almacenada en tu inconsciente y te permitirá tener una mejor y más profunda perspectiva de las cosas cuando requieras acceder a ella.

NO OLVIDES A PEPE GRILLO

El subconsciente es la fuente de sabiduría escondida en todos nosotros que nos provee el conocimiento para dirigirnos hacia la dirección correcta. Es la fuente que alimenta a tu intuición.

Considera esto, ¿alguna vez has pensado que alguien te llamaría y en ese momento suena el teléfono y es esa misma persona?, o ¿has sentido que algo sucederá y sucede después de que lo pensaste? Esto es la intuición en acción. Asegúrate de seguir los consejos que comentamos arriba para ejercitarla y fortalecerla como si fuese un músculo.

IMPROVISAR PARA SOBREVIVIR

¿Cuántas veces en tu vida has tenido que improvisar ante situaciones que en realidad no tenías planeadas? Piensa, por ejemplo, en aquella vez que tuviste que exponer en clase sin estar preparado o que tuviste que subir a un escenario y cantar o actuar sin haber practicado.

En la vida real la toma de decisiones y la resolución de problemas no siguen un guion establecido. La improvisación es una herramienta poderosísima que parte de la intuición y que, nuevamente, trata de tu capacidad para actuar o reaccionar con rapidez ante alguna situación inesperada. La podríamos definir como el arte de crear algo espontáneo sin una preparación previa.

Digamos que la intuición tiene que ver más con el proceso de reflexión previo a tomar una decisión, mientras que la improvisación se encuentra dentro del plano de la acción, y puede ser de carácter intuitivo o reactivo. Para improvisar se necesita mezclar la intuición, la creatividad y la habilidad de hacer las cosas uno mismo.

Para ninguna de las dos, intuición o improvisación, vas a tener la información completa, en ambas se tratará de percibir y utilizar los recursos que tienes a tu alcance para resolver la encrucijada en la que te encuentras. Y hacerlo de manera inteligente, tampoco se trata de inventar cosas sin coherencia.

Es una herramienta que se utiliza mucho en las artes, en la música, en la danza, en el teatro e incluso en el cine, la televisión y el diseño. Un buen ejemplo de ello sucedió mientras se filmaba la película de *Capitán América: Guerra Civil*. Anthony Russo, el codirector de esta, una de las grandes cintas de Marvel, declaró en el comentario de la película que en la icónica escena en la que Tony Stark (Robert Downey Jr.) visita a Peter Parker (Tom Holland) para decirle que ya sabe que él es el Hombre Araña y que le gustaría reclutarlo para su equipo, ocurrió lo siguiente: se suponía que Holland debía dejar un espacio para que Downey Jr. se sentara a su lado, pero se le olvidó, por lo que el intérprete de Iron Man tenía dos alternativas: quedarse parado e inmóvil esperando a que su compañero recordara que debía moverse, o improvisar. Así que, con el humor/sarcasmo que caracteriza a su personaje, el actor aligeró el momento diciendo, sin más: «Me voy a sentar ahí así que te tienes que mover». Esto se quedó inmortalizado en la película y, lejos de verse como un error, se percibe como un diálogo divertido.

La improvisación es una habilidad que debemos reforzar de manera constante, como si se tratara de un músculo. Y no solo se trata de estimular la creatividad al resolver problemas, sino de tener mucha agilidad mental y poco miedo. No puedes permitirle la entrada a ningún temor porque, como hemos visto en páginas anteriores, el miedo paraliza y definitivamente quedarte congelado no es una alternativa.

En Startup México, la iniciativa de emprendimiento a la que me dedico en la actualidad, siempre le explicamos a los emprendedores que al hacer presentaciones para vender sus proyectos pongan el menor texto posible; la razón es realmente lógica: si escriben todo lo que van a decir, en realidad pierden la oportunidad de intuir a su audiencia e improvisar cuando sea necesario para maximizar las posibilidades de éxito de su presentación, además para mantener el hilo de la misma.

En cambio, cuando en sus presentaciones solo incluyen fotografías o imágenes y pocas palabras, es impresionante la diferencia, su discurso fluye muchísimo mejor. Esta seguridad para esbozar y estructurar mejor su *pitch* tiene mucho que ver con que se dan cuenta de que si no hay palabras escritas, nadie sabe qué van a decir más que ellos mismos. Esto es: pierden el miedo a equivocarse. Pueden decir verde, rojo o azul y para el público es más o menos lo mismo porque ellos no lo sabían de antemano. La improvisación, mezclada con un perfecto entendimiento de lo que se va a presentar (práctica), da mucho mejores resultados que lo que solo has memorizado.

Para ayudar a los emprendedores a reforzar la habilidad de improvisar hacemos un ejercicio que se llama *Karaoke pitch*. Este consiste en poner presentaciones que nadie ha visto antes y que estén compuestas de imágenes en su totalidad, mismas que a su vez cuentan una historia. El chiste es que el emprendedor se pare frente a todos nosotros, le pongamos las diapositivas y nos presente un *pitch* al momento. Así, cuando menos se da cuenta, está improvisando con base en algo que nunca en su vida había visto, lo cual es complejísimo. La reflexión final del ejercicio es algo como: «si pudiste hacer eso con algo que no tenías ni idea de qué era, ahora piensa lo que puedes hacer con algo que sí conoces». ¡Tendrás chance de practicarlo tú también en el ejercicio al final de este capítulo!

> **TIPS PARA MEJORAR TU IMPROVISACIÓN**
> La literatura sobre el tema no es exacta, pues cada quien habla desde su experiencia y sugiere lo que le ha funcionado. A continuación te pongo los tips que considero más útiles para reforzar esta habilidad:
>
> - **Mantén la calma.** Cuando descubras que se te fue la onda, no te apaniques. Ya hemos visto que los nervios no son de fiar.
> - **Conoce bien tu tema.** Cuando se sabe de qué se está hablando, poco importa si el guion se te olvidó. Si tienes bien estudiado lo que estás desarrollando, es más

fácil que encuentres otros caminos que, sin desviarte del tema, te permitan fluir y seguir adelante.
- **Confianza.** La clásica pero necesaria. Estar seguro de ti hará que improvisar sea muchísimo más sencillo. Recuerda que si tú no confías en ti, ¿por qué habría de hacerlo el resto?
- **Usa el humor como recurso.** Tal y como lo hizo Iron Man en el ejemplo anterior, a veces actuar con franqueza y ver la manera de darle la vuelta a la situación con alguna buena puntada puede amortiguar el golpe e incluso darte una salida inesperada frente a la situación que estás atravesando.
- **Aprende a no estar cómodo.** Las condiciones no siempre serán las óptimas, pero eso no te puede impedir desarrollarte ni reaccionar ante lo que tienes enfrente. De hecho, cuando tengas que improvisar, lo más probable es que suceda fuera de tu zona de confort, así que más vale que te acostumbres a no depender de que las cosas sean como las esperas. Intenta exponerte a situaciones adversas donde te veas forzado a improvisar. Recuerda que la improvisación, como la intuición, se ejercita como un músculo, en un proceso de prueba y error.

LO QUE SÍ	LO QUE NO
• Sé observador, aprende a percibir situaciones y riesgos. • Piensa con tu hemisferio derecho, el creativo. • Reflexiona brevemente para actuar con rapidez. • Confía en ti. • Haz uso de la improvisación. • Aprende a ser introspectivo y también a observar más allá de tus cuatro paredes. • Recuerda que la intuición y la improvisación se fortalecen como un músculo.	• Quedarte estático o tardarte demasiado. Recuerda: las ventanas de oportunidad solo están ahí por tiempo limitado. • Pensar solo con tu hemisferio izquierdo, el racional. • Creer que tu plan saldrá perfecto, sin imprevistos. • Desconfiar de ti. • Dejar de escucharte. • Temerle a la improvisación.

EJERCICIO

Hay muchos juegos que nos permiten mejorar nuestra capacidad de improvisación, pero aquí cito tres que puedes practicar sencillamente:

La historia sin fin

Este se puede jugar entre dos o más personas, y empieza cuando una de ellas suelta una oración que da inicio a una historia. La siguiente persona debe, entonces, continuar esta historia con otra oración que se adhiera a la anterior, y así sucesivamente. Por ejemplo: «Una niña fue al campo», dice el primero. «Y cuando llegó había un manzano», continúa el segundo. «Era el manzano más bonito que había visto», puede añadir el tercero. Y así, la historia continúa hasta que el grupo decida.

Otra forma de hacerlo es que, en lugar de oraciones, se haga palabra por palabra. El chiste es que en algún punto los participantes entiendan que deben balancear sus propias ideas con las ideas de los demás para lograr cohesión en la historia. ¡Pruébalo!

La última palabra

Este ejercicio también se puede jugar entre dos o más personas y trata de que alguien debe comenzar con una frase, la que sea, y quien siga debe iniciar su frase con la última palabra de esa primera frase. Luego el que sigue debe iniciar su frase con la última palabra que se haya dicho en este caso, y así sucesivamente. Sería algo así como:

a. Ayer fui a la escuela y llegué tarde.
b. Tardé mucho en salir de casa porque no había agua.

c. Agua que no has de beber déjala correr.
   d. Correr en las calles es peligroso...

Este ejercicio, además de mejorar tu capacidad de improvisación, también mejorará tus habilidades de comunicación, en especial la de escuchar a los demás.

Karaoke pitch

Es el ejercicio del que te platiqué antes, que utilizamos mucho para apoyar a los emprendedores a mejorar sus habilidades para presentarse en público. La idea es crear una o varias presentaciones en forma de historia pero solo con imágenes, de modo que, sin verlas previamente, alguien pase al frente y comience a dar su presentación. Escanea este QR para que puedas ver un ejemplo muy simple:

Crea un *pitch* solo con esas imágenes, improvisa. Empieza por explicar cuál es el problema, seguido por la solución que propones. Haz el ejercicio en voz alta antes de leer la explicación a continuación. ¿Listo?

En este caso, puedes empezar a construir un discurso que vaya algo así: «Vivimos en una ciudad muy poblada (diapositiva 1), en la que el mayor problema de la gente es que no le alcanza para vivir (diapositiva 2), pero de lo que no nos hemos dado cuenta es de que en una era digital como la nuestra (diapositivas 3 y 4) hay muchas maneras de aprovechar estas herramientas y hacer mucho dinero (diapositivas 5 y 6), e incluso generar conexiones que nos ayuden a impulsar nuestro negocio en lugares a los que jamás pensamos llegar (diapositiva 7). Por eso te presento ¡Presupuéstate! App, una aplicación para ayudar a la gente a administrar mejor su dinero en el día a día, que logra un rendimiento de la quincena 20% mayor (diapositivas 8 y 9). ¿Te sumas a nosotros? (diapositiva 10).

Este es solo un ejemplo, pero las interpretaciones pueden ser infinitas, y justo el resultado suele ser muy divertido porque al quitar de la ecuación la presión usual de fracasar en una presentación, el miedo a exponer tus ideas en público se esfuma y la creatividad se dispara, lo cual, además de incrementar tu habilidad de improvisación, disminuye la ansiedad de presentarte en público y te hace soltarte muchísimo, ¡te reto a intentarlo!

DIAPOSITIVA 1	DIAPOSITIVA 2
DIAPOSITIVA 3	DIAPOSITIVA 4
DIAPOSITIVA 5	DIAPOSITIVA 6

Escribe aquí tu *pitch*:

ADAPTACIÓN

8

SI LLUEVE EN EL CAMINO, LLENA TU BOTELLA.

Dicho popular

Rara vez asociamos la capacidad de adaptación con el camino al éxito. Pero ¡qué importante es! Saber adaptarse al cambio, ajustar nuestros planes y acciones a las condiciones alternas de nuestro entorno e incorporar nuevas ideas es clave para domar aquellos retos a los que nos enfrentamos en el camino. No solo nos permite mantenernos a flote cuando las adversidades nos intentan hundir, sino también aceptar estas nuevas experiencias, acogerlas e, incluso, fluir con ellas.

A pesar de que el cambio es una constante, no es nada fácil adoptarlo. Por naturaleza, los seres humanos tenemos cierta resistencia al cambio y, aun cuando este se vuelve estrictamente necesario, muchos lo evitan a toda costa. ¿Y por qué no lo harían? Es mucho más fácil hacer lo que uno sabe que aprender algo nuevo.

En realidad la resistencia al cambio proviene de algo tan fundamental como el temor a lo desconocido, pues la confianza viene del entendimiento. Es como cuando hay una tormenta eléctrica con muchos truenos: si un niño los escucha por primera vez, naturalmente se va a asustar, pues no comprende de qué se trata el ruido ni de dónde viene. Tú, como adulto que lleva años viviendo y escuchando truenos, sabes que es un fenómeno natural y que no tienes nada que temer. Todos los seres humanos somos como ese niño temeroso cuando de cambios se trata. Sin embargo, no podemos paralizarnos. **En lugar de angustiarnos, hay que saber adaptarnos y actuar acorde a lo que sea necesario.**

FLEXIBILIDAD Y VERSATILIDAD

Podemos desglosar nuestra habilidad de adaptación en dos componentes indispensables: flexibilidad y versatilidad.

- **Ser flexibles es tener la capacidad y la apertura para cambiar de opinión.** Es lo que nos permite ajustar el enfoque y la manera en que vemos y hacemos las cosas, lo cual es indispensable a la hora de responder a situaciones imprevistas de manera rápida y eficiente. Pero las ventajas de la flexibilidad van mucho más allá de su utilidad para resolver un problema inminente; también nos valemos de ella cuando nos vemos en la necesidad de reevaluar nuestra forma de pensar, trabajar y comportarnos, cuando nos damos cuenta de que hay otros puntos de vista válidos y valiosos aparte del nuestro.
- **La versatilidad, por su lado, es lo que nos permite adaptarnos a diferentes tipos de funciones y actividades.** Implica ser capaz de llevar a cabo cualquier actividad o reto que te pongan enfrente y responde en gran medida a la confianza que tienes en ti mismo y tus conocimientos. Mientras más talentos tengas, mayor será tu versatilidad. Piensa en un actor que puede representar una amplia gama de papeles: un rol dramático en una película, un papel cómico en una obra de teatro, y te convence en cada uno de ellos; esa es la versatilidad.

Juntas, la flexibilidad y la versatilidad resultan en la habilidad de adaptación, la cual nos permite manejar el cambio sin importar su severidad. **En vez de gastar y desperdiciar energía en intentar cambiar cosas de nuestro entorno que no podemos controlar, la adaptabilidad nos permite enfocarnos en lo que sí está a nuestro alcance: nosotros mismos.**

ADAPTARSE EN TIEMPOS DE CRISIS

Pocas cosas han sacudido tanto al mundo como la pandemia de Covid-19. Son contados los hechos que nos han impuesto una pausa tan abrupta en la historia, que nos han obligado a repensar tan radicalmente el sentido de nuestra vida tanto personal como profesional. Todos, sin excepción, entramos en un proceso de cambio, transformación (quizá hasta evolución) y, sin duda, de adaptación.

En Startup México lo vivimos a mediados de marzo de 2020. Un viernes 13 apagamos las luces de la oficina para irnos a disfrutar de un fin de semana largo (pues el lunes era puente), y poco más de un año después, mientras escribo este capítulo, esas luces siguen apagadas. De un día para otro nos enfrentamos a un problema de proporciones mayúsculas que por supuesto jamás anticipamos. Teníamos 40 empleados haciendo cuarentena indefinida en sus casas, siete oficinas que necesitaban seguir operando y clientes que iban desde gobiernos locales hasta corporativos y que, por obvias razones, pronto dejarían de pagar. ¿Qué hacer ante eso?

Muchos escenarios pasaron por mi cabeza: ¿era este el fin de la empresa? ¿Habría forma de seguir operando? Ciertamente el entorno estaba cambiando, el gobierno había recortado presupuesto, las pymes sufrían al igual que nosotros y los corporativos habían bajado la prioridad de la innovación. De pronto nos quedamos con muy pocos clientes y una empresa que cada vez costaba más operar. Si algo tenía claro era que para que Startup México siguiera siendo un actor relevante, debíamos de cambiar y adaptarnos a una nueva realidad.

> Se dice que Einstein alguna vez acuñó la siguiente definición: «Locura es hacer lo mismo una y otra vez esperando obtener resultados distintos», y no puedo estar más de acuerdo. ¿Queremos cambiar a la par del mundo y estar a la altura de las circunstancias? Debemos transformar nuestra manera de pensar y hacer las cosas.

Así que cambiamos el chip. En lugar de enfocarnos únicamente en crear nuevas empresas, ayudar a las pymes a crecer y apoyar a los corporativos a innovar, tuvimos que repensar cómo ganaríamos dinero en los siguientes meses. Comenzamos mapeando los distintos nichos relevantes para la coyuntura que estábamos viviendo. Nos ceñimos a nuestro propósito de coadyuvar a generar prosperidad en América Latina mediante el fomento del emprendimiento y el apoyo a productores y *entrepreneurs* que quieren cambiar al mundo, y arrancamos desde ahí.

En respuesta a las necesidades del mercado, muchas fábricas mexicanas habían cambiado su enfoque y ahora se dedicaban a producir ropaje e insumos médicos como batas, cubrebocas, caretas de plástico, etc. Encontramos que había una fuerte necesidad de apoyar a estos emprendedores y productores, por lo que giramos nuestro timón hacia allá y comenzamos a identificar artículos que pudieran ser de mayor demanda bajo la coyuntura pandémica y que podríamos hallar en manos mexicanas. Creamos un catálogo de insumos médicos y nos dedicamos a conectar a los productores locales con clientes potenciales, ganando una comisión fija para mantener los precios lo más bajos y justos posible. Con esto logramos cubrir la nómina durante los meses más críticos y nos mantuvimos dentro del área en que siempre estuvimos, innovando (solo que ahora en salud), ayudando a emprendedores y bajando los precios especulativos que llegaron a existir en el mercado.

Si bien fue un cambio temporal, me dio mucho gusto ver cómo logramos adaptar con rapidez nuestra empresa a un cambio tan súbito y dramático como fueron aquellos primeros meses de pandemia. Hoy hemos regresado a lo que hacíamos antes, pero con un enfoque mucho más fuerte en recuperación económica, en especial apoyando a las pymes que fueron tan golpeadas durante dicha época.

Muchas empresas se vieron en la necesidad de adaptarse a estos tiempos. Aeroméxico, por ejemplo, cambió durante varios meses de ser una aerolínea de pasajeros a una de carga, utilizando sus aviones para el envío de paquetes a todo el mundo. Airbnb fue otra que lo hizo. Comenzaron a rentar inmuebles cercanos a los hospitales para que quienes trabajaban ahí o visitaban a sus enfermos y no querían regresar a su casa por miedo a contagiar a alguien pudieran tener dónde hospedarse. Incluso los vendedores ambulantes tuvieron que adaptarse. En lugar de vender dulces, empezaron a vender cubrebocas de todas las formas, colores y texturas con el fin de sobrevivir a los tiempos difíciles que acechaban. Eso es adaptarse.

> «LA INTELIGENCIA ES LA HABILIDAD DE ADAPTARSE AL CAMBIO», dijo Stephen Hawking

Y el cambio, desafortunada o afortunadamente, dependiendo de cómo lo veas, no siempre es voluntario. Las ideas, los procesos y las tendencias están en constante transformación. Una situación imprevista como la pandemia le da el banderazo de salida a la adaptación, que se activa como reacción a estos cambios para moverte de donde estás y evitar que el mundo te lleve de paso.

Entre más fuerte sea el golpe de esta situación súbita, ya sea para ti o para tu negocio, mayor será la necesidad de adaptarte a ella. Muchas industrias sufrieron enormemente con los cambios que se sucedieron a raíz del esparcimiento de la Covid-19 en el mundo. Restaurantes, aerolíneas, hoteles, salones de eventos, gimnasios, cines, bares y centros comerciales, por mencionar algunos, vieron bajar sus ingresos radicalmente por falta de clientes. Pero no a todos les fue mal, hubo muchas industrias que crecieron, como las *fintech*, empresas de logística y de comercio electrónico, que salieron beneficiadas. Lo importante a notar aquí es que, para bien o para mal, afectados y beneficiados tuvieron que adaptarse a la nueva realidad por igual.

¿Recuerdas lo que platicamos en el capítulo anterior sobre la necesidad de moverse de las vías del tren? Esto también se aplica a la adaptabilidad: o haces algo, lo que sea, o el tren te pasa por encima. Tu adaptabilidad está estrechamente ligada con la intuición, la improvisación y la resiliencia, habilidades que ya tuvimos oportunidad de explorar en los capítulos pasados. Recuerda que todas las habilidades en este libro son complementarias y funcionan como un todo que te llevará a alcanzar tus metas.

RÁPIDO Y CON LOS OJOS BIEN ABIERTOS

Sumergirse en un proceso de adaptación, si bien es necesario, no siempre es tan sencillo. Es bastante común que en un primer momento te desanimes o incluso te culpes por lo que está pasando, aunque se salga de tu control (¿recuerdas la lección de los sobrevivientes de los Andes?). Ver el cambio a la cara y darle la bienvenida es algo que en ese primer instante podría parecer dificilísimo. Más aún a sabiendas de que el verdadero reto, la cereza del pastel, viene después: una vez que lo aceptas y te decides a sortearlo con una nueva estrategia.

Sin embargo, es importante que una vez sucedido el cambio, la adaptación ocurra lo más rápido posible. Aquí es donde entra la intuición, pues poco importa si no cuentas con toda la información —recuerda la frase del general Patton—, el punto es moverte hacia una solución, mantener la inercia. Mejor actuar en el momento que esperar una semana a tener un plan perfectamente delineado. **La adaptabilidad tiene que ser rápida, aunque eso implique que te equivoques a veces.**

Eso sí, adaptarse no solo se trata de navegar la tormenta en la que nos encontramos en el momento, sino de definir lo que viene y saber encauzar el camino hacia el éxito nuevamente, a pesar de los obstáculos a los que te enfrentas. Utilizamos la adaptación en la vida y en los negocios para evolucionar nuestro *modus operandi* en respuesta a nuevas amenazas, eventos impredecibles o cambios en el mercado, pero, a diferencia de la improvisación, adaptarse es mucho más que una cosa del momento. Se trata de tomar la decisión consciente de construir un nuevo rumbo para llegar hasta la cima, el cual se volverá, al menos hasta que sea momento de adaptarse de nuevo, una constante.

ENFRENTAR EL CAMBIO COMO LOS GRANDES

Bien decía Darwin que las especies que sobreviven no son las más inteligentes ni las más fuertes, sino las que mejor saben adaptarse al cambio. Si no quieres ser víctima de la «selección natural» y, por el contrario, quieres sacar el mayor provecho de los tiempos turbulentos que se avecinan (grandes crisis también traen consigo grandes oportunidades), aquí te dejo unos tips que te pueden ayudar:

1) **No te preocupes, ocúpate.** La mayoría de la gente se queja y se estanca en responsabilizar a su entorno o echarles la culpa a los demás cuando le pasa algo difícil. Pero maldecir, preguntarse «¿por qué a mí?», entre otras modalidades para reprocharle al universo nuestro infortunio, solo

provoca que nuestra mente busque hacer responsable a todo y a todos, en lugar de enfocarse en arreglar el problema. La responsabilidad de salir de un problema o una situación difícil es solo tuya, así que a trabajar.

2) **Está ocurriendo, acéptalo.** Negarte a verlo no significa que el problema vaya a desaparecer. Tienes que aceptar y entender que esa posibilidad o esa puerta que creías abierta, ya se cerró. Es importantísimo que canalices tus energías en lo que está por venir y dejes de hacerlo en lo que ya se fue, de este modo te será posible enfocarte en cómo abrir una nueva puerta en lugar de llorar al pie de la anterior. Hay que aprender a soltar.

3) **Respira.** Tienes que tranquilizarte, nadie puede pensar bien cuando está nervioso o estresado. Despejar un poco tu mente te permitirá realmente enfocarte y encontrar posibles soluciones. Para lograrlo, puedes valerte de una lluvia de ideas o apoyarte en otros para rebotar tu pensar y sentir en torno al tema.

4) **Ábrete al cambio.** Este postulado es esencial. Mantener una mente abierta te permitirá tener una visión panorámica y en «alta resolución» de la situación. Este paso te quitará la venda de los ojos y te ayudará a darte cuenta de que hay otras maneras de hacer las cosas. No te cierres a lo que conoces, es mucho más recompensante abrirse a descubrir y entender nuevas perspectivas.

5) **Nuevo no es sinónimo de malo.** Quitarnos la idea de que traer y adoptar nuevas ideas siempre termina mal es crucial para un proceso de adaptación efectivo. Lo único que es malo es que tu resistencia al cambio venga acompañada de miedo a hacer cosas nuevas, como usualmente lo está. No olvides que quedarte en tu zona de confort, aunque es cómodo, te priva de lograr cosas extraordinarias. Si aún crees que flaqueas aquí, lee el capítulo 1 de nuevo, y motívate a intentar algo fresco y novedoso. Arrepiéntete de lo que has hecho, no de lo que no intentaste.

6) **Mantén una mentalidad de crecimiento.** Cuando pienses en adaptarte tienes que hacerlo en pendiente ascendente, es decir, consciente de que esto es cuesta arriba, no un precipicio. Esto es importantísimo para que todo el tiempo reflexiones sobre cómo mejorar tus habilidades y mantenerte motivado para llegar a la cima. Recuerda que no importa dónde estás, sino a dónde te diriges.

7) **Pide retroalimentación y ayuda.** Se vale admitir que no podemos solos. Debemos dejarnos de orgullos y entender que hay muchísimas personas allá afuera que tienen un profundo conocimiento en temas que nosotros desconocemos o de los cuales dudamos. Eso no significa que nuestro propio conocimiento o experiencia no basten, pero hay que tener la suficiente humildad para aceptar que no somos enciclopedias, y que probablemente haya alguien que ya vivió lo que tú estás viviendo. Ya abordaremos esto más adelante, pero, por lo pronto, no repares en pedir ayuda si crees necesitarla.

PLUS: Recuerda (una vez más) cuál es tu propósito. Si tienes claro tu propósito y los objetivos que subyacen, no habrá obstáculo lo suficientemente grande para quitarte la determinación de ir tras él, en especial si es algo que te gusta, apasiona y mueve.

APRENDER A RECALIBRAR

Adaptarte no necesariamente implica que tengas que cambiar tu propósito (aunque siempre se vale cambiarlo si ya no es lo que buscas), sino que tienes que ajustar tu camino hacia él. Te quiero contar un ejemplo relacionado que yo viví muy de cerca.

Cuando apenas empezábamos con mexico.com, hace unos 25 años, uno de los servicios que ofrecíamos era la creación de páginas web; en aquella época éramos unos de los pocos que nos dedicábamos a ello. Teníamos toda una gama de clientes

ADAPTACIÓN

que nos buscaban para ayudarles a crear sus páginas y en algún momento nos llamaron de Guía Roji.

No sé cuántos años tengas, pero escribo este ejemplo con temor de que no sepas ni siquiera de qué te hablo cuando te digo esas dos palabras: *Guía Roji*. Si este es tu caso, te cuento rápidamente. Guía Roji es una compañía de planos y guías que tenía mapeadas las principales ciudades del país, y que si bien en la actualidad sigue existiendo, ya no figura como un actor relevante en el rubro de la navegación, cuando solía ser el jugador principal, al menos en México. Antes de que se pudiera percibir cualquier guiño tecnológico, la manera de llegar a cualquier rincón del país era utilizando su librito con mapas de papel; es más, sacaban una edición actualizada cada año. La verdad era increíble todo el material que tenían: registros de todas las calles, de todos sus sentidos... un trabajo impecable. Todos, absolutamente todos quienes manejábamos en las ciudades grandes como el entonces D. F., Guadalajara o Monterrey, teníamos una Guía Roji en la guantera del auto.

Por aquellas épocas unos amigos míos estaban desarrollando una tecnología de mapas digitales, como lo que Google Maps o Waze tienen ahora. Cuando nos contactó Guía Roji les ofrecimos aprovechar esta tecnología con el contenido que ya tenían ellos. La combinación podría haber generado los primeros mapas interactivos en el mundo al menos 10 años antes que Google Maps. Pero ellos no lo veían. Les costaba imaginar cómo esta tecnología podría ayudarles en su negocio, y no quisieron participar en el proyecto. Tuvieron en sus manos la oportunidad de ser pioneros y líderes del negocio de los mapas interactivos en México, pero no se atrevieron. Si hubieran tenido visión y no se hubieran aferrado a hacer las cosas como las conocían, hoy no te tendría que estar explicando qué es Guía Roji, pero bueno, ellos no quisieron ni supieron adaptarse. Como puedes notar, atreverse es una parte importante de la adaptación, incluso para las empresas más establecidas.

No importa si mientras lees esto estás pensando en tu empresa o tu proyecto personal, los pasos a seguir para hablar de un proceso de adaptación efectivo son los mismos:

1) Reconocer el cambio.
2) Aceptar el cambio.
3) Abrirte al cambio.
4) Informarte del entorno.
5) Ponderar tus opciones.
6) Apoyarte en otros.
7) Generar un nuevo plan de acción.

Siguiendo estos pasos, no habrá ningún cambio o imprevisto que te venza o rebase. Solo habrá eventos y situaciones que te den la oportunidad de reinventarte. Esa es la magia de la adaptación.

APRENDIZAJE
para llevar

La vida está llena de cambios, de momentos que nos obligarán a repensarnos y redefinirnos. Aferrarte a construir tu casa en un terreno que ya te dijeron que es inestable hará que más pronto que tarde se derrumbe. En cambio, verlo como una puerta que al otro lado aloja una serie de posibilidades y alternativas te llevará a erigir el mejor hogar del mundo.

QUÉ SÍ Y QUÉ NO

LO QUE SÍ	LO QUE NO
• Ve el cambio como una oportunidad de crecer, reinventarte y mejorar. • Hazte a la idea de que siempre habrá eventos que no calculaste. • Acepta el cambio. • Ajústate, desplázate, recalibra. • Mantén los ojos bien abiertos. • Ten claro tu propósito.	• Creer que el cambio es tu total enemigo. • Negarte a ajustarte a la nueva realidad que el cambio trajo consigo. • Tardarte de más en tu proceso de adaptación. • Pensar que si ya te pasó, nunca te volverá a pasar. • Perseguir un propósito que ya es obsoleto y negarte a replantearlo.

EJERCICIO

Jeff Boss escribió hace unos años un artículo en la revista **Forbes** que puede ser utilizado para medir tu capacidad de adaptación a nuevas circunstancias. Basado en él, desarrollé el siguiente test. Encierra en un círculo la respuesta Sí o No según sea tu caso.

¿Qué tan adaptable eres?

1. ¿Eres una persona dispuesta a experimentar? — Sí / No

2. ¿Normalmente ves una oportunidad donde los demás ven fracasos inminentes? — Sí / No

3. ¿Te consideras una persona inventiva, es decir, con la capacidad de resolver dificultades de manera innovadora y expedita? — Sí / No

4. ¿Constantemente estás buscando nuevas oportunidades para mejorar las cosas? — Sí / No

5. ¿Eres una persona que no se queja de las situaciones, sino que las acepta y continúa su camino? — Sí / No

6. En situaciones difíciles en donde pierdes los estribos, ¿acostumbras a tranquilizarte hablando contigo mismo o forzando pensamientos positivos? — Sí / No

7. ¿Normalmente aceptas la culpa por una situación en vez de buscar otra persona en la que esta pueda recaer?   Sí / No

8. ¿Eres una persona a la que no le importa la fama y que, por el contrario, busca mejorar todo el tiempo a pesar de que aparentemente todo se ha logrado?   Sí / No

9. ¿Te consideras curioso? ¿Constantemente buscas respuestas a cosas que no entiendes o no sabes?   Sí / No

10. ¿Te mantienes actualizado en los temas que te interesan?   Sí / No

11. ¿Eres una persona que busca el contexto de las cosas e información que te comparten?   Sí / No

12. ¿Te consideras una persona de mente abierta?   Sí / No

13. ¿Eres una persona que está dispuesta a defender y representar sus valores?   Sí / No

Ahora cuenta cuántos «sí» tuviste y cuántos «no» marcaste. Si tienes menos de siete respuestas afirmativas, te recomiendo reforzar tu adaptabilidad:

Toma clases de improvisación

Leíste bien, el mismo método que utilizan los actores y que probablemente interfirió en la reacción de Downey Jr. que repasamos en el capítulo pasado te puede ayudar a reaccionar de manera más rápida, y así aprender a adaptarte.

Oblígate a tomar riesgos

Si no arriesgas, es probable que tu progreso sea muy, muy reducido. Para muchos la percepción del riesgo es tan adversa que huyen despavoridos de él, cuando en realidad tomar riesgos es parte integral de ser adaptable. Empieza con riesgos mínimos y controlados y poco a poco ve incrementándolos para acostumbrarte a ellos.

Busca aprender constantemente

Quizá lo que más te da la adaptabilidad es la capacidad de abrirte puertas al conocimiento. Aprende nuevos idiomas, toma cursos de otras materias, lee, viaja y conoce nuevas culturas. Ya lo había mencionado, pero lo reitero aquí nuevamente: todo esto creará una biblioteca de conocimiento en tu mente, lista para que acudas a ella cuando lo necesites.

INTEGRIDAD

9

LA **PALABRA** CONVENCE, EL **EJEMPLO** ARRASTRA.

Dicho popular

Hace unos años, en 2015, un escándalo sin precedentes estalló en la industria automotriz. A Volkswagen, una de las compañías automotrices más grandes del mundo, le cayó un escándalo luego de que se revelara que a casi 600 mil coches vendidos en Estados Unidos les habían instalado un software diseñado para modificar los resultados de las pruebas de emisiones contaminantes de motores de diésel. O sea, habían truqueado para hacer como que sí estaban cumpliendo con las restricciones ambientales, cuando en verdad estaban engañando a sus clientes y desdeñando la regulación (y lo peor de todo, de manera intencional).

Algunos ingenieros honestos se habían esmerado en dar vida a un motor diésel que cumpliera con los estándares de emisiones de Estados Unidos, y que además tuviera buen rendimiento. Pero todo fue en vano cuando sus superiores los forzaron a crear algo que cambiara el control de emisiones solo si los vehículos estaban siendo sometidos a pruebas, y, por el contrario, desactivara esa función en condiciones normales de manejo. Una maniobra dañina y tramposa.

Es tristísimo que, como les ocurrió a estos ingenieros, por más que uno se esfuerce en hacer lo correcto, haya contextos que lo hagan imposible. ¿Dar una mordida al policía que te paró en lugar de que se lleven tu coche al corralón y pagar una multa? Desafortunadamente todos hemos enfrentado alguna situación así. Esa es la consecuencia de vivir en una sociedad que parece regirse bajo el mantra de «el que no transa, no avanza».

Sin embargo, **ser íntegro es uno de los valores más importantes que puedes tener como persona,** pues esa integridad representa tu brújula ante cualquier situación a la que te llegues a enfrentar. Implica hacer lo correcto, tener un código moral sólido, ser fiel a tus valores y, quizá lo más importante, vivir con la certeza de que no tienes nada que ocultar y, por lo tanto, puedes dormir tranquilo.

SINCERIDAD, RESPONSABILIDAD Y COMPROMISO

Durante varios años practiqué artes marciales, y una de las enseñanzas que hasta la fecha recuerdo de mi senséi son las virtudes del *Bushido*, un código ético que los samuráis seguían como parte de su identidad y compromiso como guerreros. Más que un conjunto de reglas o deberes, el *Bushido* era una forma de vida en la que el guerrero demostraba su compromiso con valores como el honor, la lealtad o la justicia, llegando incluso a entregar la vida si estos principios se veían comprometidos.

Entre las virtudes del *Bushido* hay una que encaja a la perfección con este capítulo, la llamada *Makoto*, que puede traducirse al español como «sinceridad absoluta». La definición estricta según el *Bushido* es la siguiente: cuando un samurái dice que hará algo, es como si ya estuviera hecho. Nada en esta tierra lo detendrá en la realización de lo que ha dicho que hará. No ha de «dar su palabra». No ha de «prometer». El simple hecho de hablar ha puesto en movimiento el acto de hacer. Hablar y hacer son la misma acción.

Eso es la integridad para mí, no solo ser sinceros sino también fieles y comprometidos. Ser responsables y hacerle saber a la gente que puede contar con nosotros y que si prometemos algo, se trata de un pacto inquebrantable que sí o sí hay que cumplir. Y que si algo falla, somos capaces de aceptar nuestra culpa y asumir nuestro papel en lugar de echarles la bolita a otras personas o a circunstancias externas.

Otro factor esencial de la integridad tiene que ver con cómo tratas a otros, con ser compasivo y empático hacia los demás.

Recuerdo una vez que uno de mis socios y yo fuimos a Miami a cerrar un trato con un emprendedor que nos ofrecía parte de su empresa. El proyecto nos latía muchísimo, el cuate tenía unas ideas impresionantes y los números tenían sentido... Todo iba superbien hasta que fuimos a comer a un restaurante para prácticamente celebrar el cierre del trato, y en la entrada nos topamos con un vagabundo. El hombre se acercó a nosotros a pedirnos unas monedas, nosotros le dijimos con amabilidad que no teníamos efectivo pero que quizá a la salida podríamos ayudarlo. Sin embargo, para nuestra sorpresa —y enorme desagrado— el emprendedor con el que estábamos por cerrar el trato se burló del vagabundo imitando lo que nos dijo y lo corrió con modos sumamente groseros. En ese momento mi socio y yo nos volteamos a ver y sin decir una palabra supimos que nunca haríamos negocios con una persona así. Estoy seguro de que el emprendedor en cuestión nunca entendió por qué dejamos ir la oportunidad de pactar con él, pero a nosotros nos quedó clarísimo.

La integridad se vive en la honestidad y rectitud frente a nuestros actos, pero también en nuestra interacción con los demás. Una falta de compasión, una muestra de egoísmo superfluo puede resultar en daños que van más allá de lo que imaginas.

¿EL QUE NO TRANSA NO AVANZA?

Hay muchos retos a los que se enfrenta alguien que quiere ser íntegro, sobre todo en sociedades como la nuestra en donde impera la corrupción e impunidad en todos sus niveles, y en donde la envidia y el egoísmo son la gasolina de muchos. Sin embargo, **a pesar del desafío que representa mantener la integridad e ir en contra del contexto, sí es posible hacerlo.**

Siempre van a haber ejemplos de gente a la que le va muy bien económicamente haciendo cosas ilegales o poco íntegras, pero lejos de dejarte deslumbrar por el resultado, debes evaluar con atención, analizar cada pieza y, lo más importante, lo que ello implica. Hacerse rico u obtener reconocimiento a costa de acciones deshonestas o que dañan a terceros viene acompañado por un cúmulo de consecuencias negativas. Piensa en un delincuente. En definitiva lo que hace no es íntegro, sin embargo, gana dinero y probablemente puede darle una vida repleta de lujos a su familia. Pero ¿a cambio de qué? De arrebatarles la vida a otras personas, de vivir en silencio y encadenado a sus acciones, de romper la ley, malabarear sus derechos y poner en riesgo su vida y la de su familia.

Puede que ser íntegro no siempre te traiga dinero a caudales, ¿y qué? No tienes que ser la persona más rica del mundo para ser exitoso, hay muchos otros componentes para considerarse tal. Habrá quienes heredaron millones de pesos de sus familias, pero no han logrado nada en su vida. Son ricos, sí, pero yo no los calificaría de inmediato como exitosos. Si con ese dinero crearon una empresa que dio empleo a decenas de personas, inventaron un nuevo producto, estudiaron hasta volverse académicos líderes en su campo, se convirtieron en deportistas o músicos reconocidos, esa ya es otra historia. **El éxito está en los logros cultivados y el impacto generado, no solo en los ceros de tu cuenta bancaria.**

¿POR QUÉ SER ÍNTEGRO?

Primero, porque al vivir una vida íntegra nunca vas a perder tiempo o energía cuestionando tus acciones. Cuando le haces caso a tu corazón y haces lo correcto, la vida se vuelve más simple. Jamás tendrás que preocuparte por encubrir tus pasos ni justificar algo que hiciste o dejaste de hacer en el pasado.

Además, cuando te responsabilizas por tus acciones y te comportas de manera congruente, te vuelves parte de ese selecto grupo de personas dignas de confianza, lo cual es indispensable para lograr el éxito sin importar el rubro en el que te desenvuelvas. Las personas capaces de demostrar que viven y trabajan con integridad son las primeras a considerarse desde en promociones corporativas hasta en inversiones de capital privado en el mundo del emprendimiento, pues **no hay nada más valioso que un líder en quien se puede confiar, cuya ética de trabajo es impecable y que demuestra que la integridad es parte esencial de su código de valores.**

En el ámbito empresarial ser íntegro no solo es posible, también es necesario para mantener una buena reputación, mejorar la satisfacción de tus empleados y por supuesto la calidad de tu servicio o producto. Recuerda que hoy en día la competencia no es solo local sino también mundial, por lo que hay más en juego que nunca.

Olvídate del clásico: «¿De qué sirve que yo lo haga si los demás no lo harán?». Eso no es más que una idea de redención («no es tan grave, todo mundo lo hace») y resignación anticipada («no hay nada que se pueda hacer al respecto») de un problema del que como sociedad nos toca responsabilizarnos. Aunque es cierto que tú solo no puedes mover una roca pesadísima, también es verdad que tu ejemplo puede inspirar. Tarde que temprano llegará otro par de manos, y otro par y otro más a empujar junto a ti, y ahí necesitarán de tu ayuda para lograrlo.

Si en el pasado metiste la pata, nunca es tarde para enderezar el barco. Siempre que tengas la opción de actuar con integridad, hazlo. Imagina que el cielo y el infierno son aquí y ahora, no cuando mueres. Si tomas decisiones que sabes que son incorrectas, vas a pagar las consecuencias hoy mismo, ¿estás dispuesto a hacerlo?

> «LA VERDADERA INTEGRIDAD ES HACER LO CORRECTO, AUN SABIENDO QUE NADIE SE ENTERARÁ SI LO HICISTE O NO». Oprah Winfrey

DEL IDEAL A LO REAL: LA INTEGRIDAD SÍ ES POSIBLE

Ejemplos de sociedades íntegras a las cuales admirar e imitar hay muchos. A continuación te contaré dos casos que he tenido la oportunidad de presenciar y de los que creo que tenemos mucho que aprender.

Durante mis estudios en Estados Unidos sucedió que en la época de exámenes un profesor llegó, puso los exámenes en nuestra respectiva banca y nos dijo: «Ya pueden empezar», y en cuanto volteamos el papel y tomamos la pluma, se fue del salón. Por supuesto que pensé que eso iba a ser una copiadera olímpica, pero para mi sorpresa fue todo lo contrario. Cada quién estaba concentrado en lo suyo, sin intención alguna de voltear a ver al de al lado, sacar apuntes ni de nada que no fuera hacer el examen. Ahí caí en cuenta de que el código de honor que nos había hecho firmar la universidad al inicio del ciclo sí tenía un valor para los alumnos y, como tal, lo respetaban y cumplían a cabalidad. Una cosa francamente admirable desde mi punto de vista.

Otro caso que en su momento llamó mucho mi atención es el de algunos países europeos como Alemania, donde encuentras unas cajas con el periódico del día en las calles. Están abiertas, cualquiera puede tomar un periódico, y de hecho funciona así: abres la caja, tomas un periódico, la cierras y pones una moneda a cambio. La gente lo sigue al pie de la letra, todos toman su diario y, como es debido, depositan su moneda. En muchos otros países ese sistema sería un fracaso, la gente sacaría los periódicos sin pagar y no faltaría quien incluso los terminaría vendiendo por su cuenta en la siguiente esquina. Ahí está la diferencia entre una sociedad íntegra y otra que no lo es. Todo se reduce a una cuestión de educación y de principios.

ALGUNOS MANDAMIENTOS PARA SER ÍNTEGRO

Mi abuelo decía que lo único que dejas en este mundo es tu nombre, así que más te vale cuidarlo bien. Dormir tranquilo, estar en paz contigo mismo... Con certeza te puedo decir que ese es el verdadero éxito.

Si bien ser íntegro es duro, sobre todo cuando hacer lo correcto tiene un costo personal, todo empieza y termina en ti. Hacer las cosas bien es más que posible, siempre hay alternativas, solo es cuestión de observar con atención. Si tienes este libro en tus manos, vas de gane, porque a continuación te voy a dejar unos «mandamientos» para que puedas reforzar tu integridad:

1) **Cumple tus promesas.** Cuando le prometas algo a alguien, sea quien sea, sé fiel a eso, tu palabra y tu honor están en juego, y ya sabes lo que opinaba mi abuelo de eso. Por ende, antes de soltar palabras al aire, asegúrate de que tienes las herramientas para hacerlo realidad. Si por alguna razón tus cálculos fallaron e incumples, discúlpate inmediatamente y conversa con esa persona. No permitas que esto crezca y mucho menos que se convierta en un patrón. Esto va para compromisos grandes, pero también para algunos más simples como prometerle a alguien que lo verás a cierta hora. La puntualidad es asimismo una manera de mostrar tu respeto e integridad hacia los demás.

2) **Aprende a decir que no.** Sé que es complicado porque nos encanta quedar bien con la gente, pero es mejor dar un paso hacia atrás que aceptar un compromiso que, de entrada, no podrás cumplir. Decir que sí le entras a algo y a la mera hora fallar te hace quedar peor que si hubieras dicho que no en primer lugar.

3) **No seas impulsivo.** Antes de contestar de manera inmediata cualquier pregunta intenta pensar tu respuesta con detenimiento. Una mala comunicación puede llevarte a fracasar en el punto uno, así que cuida el lenguaje que utilizas y evita que se malinterprete tu respuesta, pues eso te puede meter en problemas.

4) **No mientas.** Ser honesto con los demás y contigo mismo es crucial. Mantente firme con tus creencias y evita las mentiras y la hipocresía a toda costa. Es válido cambiar de opinión o equivocarse, así que mejor decir las cosas como son que construir sobre arena movediza.

5) **Aléjate de la gente sin integridad.** Hay un dicho popular que dice «dime con quién andas y te diré quién eres», así que mejor huye de las personas que tú ya sabes que no tienen integridad. No te asocies ni hagas negocios con ellas, pues tarde o temprano eso tendrá una mala consecuencia para ti. La gente a tu alrededor, de manera consciente o inconsciente y en menor o mayor medida, tiene cierta influencia sobre ti, y eso puede derivar en que tú normalices comportamientos poco éticos. Además, por más íntegro que seas, las personas a tu alrededor pueden comenzar a dudar de ti si ven que te codeas con gente que se reconoce ampliamente por su falta de integridad.

6) **Mantén los secretos que te confíen.** Pocas traiciones duelen tanto como el hacer público algo que te pidieron mantener en confidencialidad. Si te encuentras en una situación en la que tengas que contarle a alguien algún secreto de otra persona porque está de por medio su salud o integridad, sé honesto primero con la persona que te confió su secreto y exponle la razón que te está llevando a hacerlo. Así no solo evitas traicionar su confianza, sino que además la preparas de antemano para las posibles consecuencias. Recuerda actuar como a ti te gustaría que tu confidente actuara de estar en tu posición.

APRENDIZAJE
para llevar

La integridad es de las habilidades más difíciles de implementar, y a la vez la que más satisfacción te va a dejar. No dejes que nada ni nadie se meta con tu compás ético y moral. Ningún beneficio material será mejor que la tranquilidad de la que gozarás al cerrar los ojos por la noche y saber que tú, lejos de ser parte del problema, eres parte de la solución.

QUÉ SÍ Y QUÉ NO

LO QUE SÍ	LO QUE NO
• Haz lo correcto, aun cuando seas el único.	• Dejarte influenciar por personas que solo quieren romper tu código moral.
• Ten claros tus principios y valores.	• Justificar hacer cosas poco éticas para llenar tu cuenta bancaria. El dinero en sí no es el único elemento determinante del éxito.
• Sé cuidadoso con las personas de las que te rodeas y en las que confías.	
• Recuerda que es más exitoso alguien íntegro y modesto, que alguien con mucho poder pero con una larguísima cola que le pisen.	• Olvidar lo que dijo mi abuelo sobre tu nombre: es lo único que dejas en este mundo, así que más te vale cuidarlo bien.
• Vive con responsabilidad para que puedas irte a la cama con la conciencia tranquila.	• Pensar que porque a alguien que actuó de manera deshonesta «no lo cacharon» está bien hacerlo y replicarlo.

LO QUE SÍ	LO QUE NO
- Ten presente que siempre estás a tiempo para reivindicarte. - Date cuenta de que, aunque a veces no las ves, hay más personas que como tú quieren que esto avance.	- Desmotivarte pensando que de nada sirve ser íntegro en un país corrupto. - Vivir creyendo que si ya la regaste una vez, estás destinado a regarla para siempre.

EJERCICIO

La integridad es algo que debe vivirse. Como la palabra y el código de honor personal son asuntos del más alto valor para mí, te invito a comprometerte con tu integridad y rectitud dejando aquí plasmado, con tu puño y letra, que te suscribes al pacto personal que leerás a continuación:

> Por medio de la presente yo, ▆▆▆▆▆▆▆▆▆▆▆▆, me comprometo a llevar una vida íntegra motivada por la rectitud, la empatía, la paciencia, la tolerancia, la gratitud y el respeto a otros. Una vida que me permita dormir tranquilo por las noches y comenzar el día con determinación cada mañana. Una vida que con orgullo enseñaría a mis hijos, nietos o a cualquier persona que busque una guía o un referente a seguir.
>
> Reconozco que nadie que aspire a ser exitoso lo logrará siendo deshonesto, irrespetuoso, injusto, envidioso o derivados. Por lo tanto, prometo poner mi ética antes que cualquier acto que implique dañar a un tercero o hacer las cosas de manera indecente. Soy consciente de que el éxito va mucho más allá del poder y el dinero, y jamás permitiré que nada ni nadie ponga en duda mis principios o amenace el camino que con esfuerzo y trabajo duro he construido para lograr mis metas.
>
> _____
> Nombre completo, fecha y firma

AUTENTICIDAD

10

EL QUE AMBICIONA LO AJENO PRONTO PIERDE LO PROPIO.

Dicho popular

Hablemos de Nike, la empresa deportiva que desde el principio entendió que la autenticidad es una aliada fantástica. No sé si alguna vez hayas visto su publicidad, pero si no, interrumpe tu lectura y busca cualquier anuncio de Nike en YouTube. Si ya los has visto, échales un ojo de todas formas, así tendrá más sentido lo que leerás a continuación.

¿Listo? Como probablemente pudiste ver, Nike es una marca fresca que sin duda se lleva las palmas de la autenticidad corporativa. Su propósito, «crear un mundo mejor y un futuro más sostenible para nuestra gente, planeta y comunidades a través del poder del deporte», se ve ampliamente reflejado en cada mensaje que emite. Y es que Nike en realidad va encaminado a eso: a empoderar a la gente, a enaltecer su famoso eslogan «Just do it» y a expresarlo en cada oportunidad que tiene. Constantemente te dice que te atrevas, que te lances, que da igual si ganas o pierdes, pues el simple hecho de intentarlo ya te hace mejor que ayer. Y funciona.

Cuando eres auténtico, la gente se da cuenta de ello, y cuando no lo eres, también. En el caso de Nike, la congruencia y autenticidad que pregona eleva la marca a otro nivel y la convierte en una tan icónica y cercana a sus consumidores. Ya verás de qué hablo en los párrafos que vienen.

¿YO CÓMO SÉ SI SOY AUTÉNTICO?

Mis años por este mundo me han enseñado que hacer algo solo por tratar de pertenecer o ser «socialmente aceptado» es cansado y muy poco redituable. En mi experiencia, las cosas siempre terminan saliendo mejor cuando me acepto y me muestro como soy, cuando soy auténtico.

La autenticidad se trata de ser tú mismo, de saber encontrarte debajo de los miles de capas de comportamientos y pensamientos con las que nos cubren socialmente. Debajo de todos esos paradigmas que nos han enseñado (o impuesto) estás tú, está tu esencia. La idea es encontrarla y ser fiel a eso que te distingue.

Sin embargo, la gran mayoría de la gente con la que nos topamos no es auténtica. Y el problema de esto es que se vuelve muy cansado tanto para la persona que vive su mentira como para quienes la rodeamos.

La autenticidad es consecuencia de confiar en ti, seguir tus instintos y no dejar que los golpes de la vida te desvíen. Se trata de buscarte y mantenerte fiel a eso que encuentres, de dirigirte con respeto a los demás y no actuar como crees que quieren que actúes solo por pertenecer, sino como tú sientes que debes actuar de acuerdo con tus principios y valores. Puede que esto te cause problemas, es cierto, pero te aseguro que esos problemas siempre serán menores que los que tendrías de no ser auténtico.

Recuerda que no tienes que demostrarle nada a nadie, tú eres tu único juez. Las personas se pueden o no dar cuenta, pero si tú estás tranquilo y seguro de quién eres, con eso tienes. Finalmente, y como lo vimos en el capítulo anterior, **gran parte del éxito**

está ahí, en esa paz interna que obtienes al comprometerte con tus ideales.

EL PODER DE LA CONGRUENCIA

Como empresa, *startup* o individuo, siempre deberás apuntar a alinear todo lo que tienes y eres (misión, visión, valores) con tu propósito, de modo que no solo logres ser auténtico, sino también congruente.

De hecho, **la congruencia debería ser nuestro principal objetivo a futuro, y nuestro modo de vida en el presente.** Ser y transmitir armonía en lo que pensamos, decimos y hacemos en nuestro entorno familiar, amistoso y laboral nos abrirá muchísimas puertas y nos dará la posibilidad de generar relaciones más profundas y genuinas. Y la falta de esta puede producir justamente lo opuesto.

Muchas veces he dejado ir negocios o dejado de trabajar con empresas porque no son auténticas, lo cual se evidencia por ese sentimiento forzado como si se tratara de un mero discurso sin trasfondo. Incluso como consumidores hay marcas que no nos vibran auténticas, y la consecuencia es que simplemente no las compramos. Te aseguro que, como empresa, una de las maneras más simples de ganar enemigos y desconfianza por parte de tus clientes es errar en la honestidad y autenticidad. ¿Para qué ganarte un séquito de personas que pudiendo serte leales te van a desechar por falta de congruencia?

¿CÓMO SE VE LA AUTENTICIDAD EN EL ESPEJO DEL ÉXITO?

Hay mucha gente que una vez que empieza a ganar mucho dinero o estatus se transforma por completo. Se vuelve prepotente, arrogante, y deja su esencia de lado para meterse en un papel de superioridad que ni viene al caso. Pero la vida da muchas vueltas, y así como ahorita estás arriba, puede que luego todo cambie y tú necesites de esa persona que un día ninguneaste. Sí, el karma existe, pero ya lo abordaremos más adelante.

Pero ejemplos de personas que con todo y su éxito han logrado permanecer auténticas, hay muchos. Elon Musk, Larry Page o incluso mis favoritos, Gandhi y Mandela, son personas con un nivel de autenticidad altísima. Sus acciones y congruencia hacen que se note a leguas que tienen valores bien cimentados. Por mucho dinero que tengan en sus cuentas bancarias, por más popularidad de la que gocen, nada los corrompe porque son congruentes.

Además de los ya nombrados, un empresario cuya autenticidad —entre otras habilidades— me parece formidable es la de Richard Branson, el genio británico detrás del conglomerado multinacional Virgin Group, que vio la luz en los años setenta con su icónica tienda de discos Virgin Records y hoy tiene entre sus filas empresas como Virgin Atlantic Airways (aerolínea), Virgin Mobile (empresa de telefonía) y Virgin Galactic (producción aeroespacial) —que a mediados de julio de 2021 le permitió hacer historia y volar al espacio pocos días antes que Jeff Bezos—, por nombrar tres de sus más de 400 compañías.

Más allá de su historia de éxito, quiero enfocarme en cómo la autenticidad ha sido fundamental para que Branson haya podido transformar el mundo corporativo como lo hizo. En más de una ocasión, Richard ha demostrado un *modus vivendi* desprovisto de miedo y estrés por encajar en moldes sociales, o por vivir bajo las estrictas reglas de un círculo empresarial conservador que no van con su manera de sentir y experimentar las cosas.

En 2013, por ejemplo, Branson dio mucho de qué hablar cuando se vistió de azafata en un vuelo de Perth a Kuala Lumpur, operado por su competencia, Air Asia, tras perder una apuesta. De hecho, ha conquistado los encabezados con más de sus proezas: cruzó el océano Pacífico en un globo aerostático, saltó desde la azotea del casino Palms en Las Vegas, condujo un tanque en las calles de Nueva York. Branson irradia autenticidad, y, por ende, cae increíblemente bien. En una entrevista que el curador Chris Anderson le hizo durante una conferencia de TED en 2007 Branson admitió que en su día a día sonríe y ríe mucho, no importa si la gente lo mira raro o no, él vive su felicidad de manera expresa, y procura ser fiel a lo que él cree correcto, siendo el trato digno a la gente una de sus grandes máximas. «Realmente creo que la mejor manera de ser exitoso en los negocios es tratar a la gente de manera justa», dijo el empresario en esa misma entrevista.

DONDE SEA Y CON QUIEN SEA

Ser auténtico es importante en cualquier ámbito. Mentirle a la gente pretendiendo ser algo que no eres, como vimos en el capítulo anterior, es muy grave, pero mentirte a ti mismo lo es aún más. Normalmente la gente deja de ser auténtica para cubrir sus defectos, vaya error. La gente que te rodea debe aceptarte y quererte a pesar de estos, así como tú lo haces con ella. No corras el riesgo de disfrutar menos de la vida por miedo a revelarte como un ser auténtico, **detrás de una máscara no puedes gozar igual del paisaje.**

Para desarrollar o hacer presente la autenticidad te recomiendo primero conocerte a ti mismo, dejar a un lado el «quedar bien» con el que solemos estar socialmente obsesionados. Sí, quizá al ser totalmente tú haya gente a la que no le caigas bien, pero ¿qué más da? Así sabrás que quienes te aprecien lo harán de manera genuina, les caerás bien por ti, no por lo que tienes o aparentas.

Yo vivo la autenticidad teniendo siempre en cuenta que el reflejo de mis valores habla por mí. Cuido mucho ser honesto, no caer en hacer o tolerar cosas que por lo general no acepto. Ser exitoso también implica que si alguien dice o hace algo con lo que no comulgas, te manifiestes. No debes comprometerte ni en mente ni en acción con algo con lo que no te sientas a gusto, o bien, que no sientas realmente tuyo.

AUTENTICIDAD

UN CONSEJO: Procura hacer una autoevaluación de las acciones que estás implementando y plantéate si eso tiene una congruencia «a la Nike», o sea, si es eso lo que en realidad estás queriendo hacer sentir a la gente a la que te diriges, con la que convives o la que será tu consumidora. Ser auténtico, además de sencillo, hará que tanto tú como la empresa que diriges o para la que trabajas tengan más luz en su camino al éxito.

> «NUNCA TE COMPROMETAS
> A TI MISMO, ERES TODO
> LO QUE TIENES».
> Janis Joplin

APRENDIZAJE
para llevar

Pretender ser algo que no somos hace que nuestro camino sea mucho más agotador de lo que debería ser. Confía en ti, quiere a la persona que eres y has construido y deja de pretender que eres distinto solo por el qué dirán. No olvides que la congruencia es básica para que la gente te perciba auténtico y, lo más importante, para que llegues con más intensidad a la cima.

QUÉ SÍ Y QUÉ NO

LO QUE SÍ	LO QUE NO
• Encuentra tu esencia y explótala al máximo.	• Traicionar tus principios y cambiar tus valores solo para que otros te acepten.
• Conócete a ti mismo.	
• Sé consciente de que ser tú también es actuar con empatía y humildad.	• No darte el tiempo suficiente de conocer, hasta el fondo, tu esencia como negocio o persona.
• Hazle caso a tu instinto para identificar a personas no auténticas.	• Mentirle a la gente, pretender ser algo que no eres.
• Busca la paz que solo obtienes al comprometerte con quien eres.	• Dejar de lado el síndrome del «queda-bien».
• Ten presente que la congruencia es esencial para que la gente te perciba como alguien auténtico.	• Disfrutar la vida menos solo porque te da miedo mostrarte tal cual eres.
• Sé tú mismo, siempre.	

EJERCICIO

Imagina que tienes que escribir tu propio obituario. En unas cuantas líneas debes describir quién fuiste, qué te distinguía, qué te hacía ser tú. Haz el ejercicio en el espacio que encontrarás a continuación. ¿Qué es lo que hace que este obituario te describa a ti y a nadie más? Si te es difícil encontrar ese diferenciador aprovecha este ejercicio para analizar cómo puedes vivir una vida más auténtica. Al final, solo vivimos una vida, así que asegúrate de que la tuya sea realmente única.

Mi obituario:

EMPATÍA

11

CADA MAESTRILLO TIENE SU LIBRILLO.

Dicho popular

Ser propulsor del cambio es saber que tu misión en este mundo está siendo cubierta. Es aportar de manera activa a que los talones de Aquiles de tu entorno sean cada vez menos frágiles y, lo más importante, a mejorar la vida de las personas. Como diría seguramente alguno de tus familiares, es cuando «pones tu granito de arena» y trabajas para transformar y engrandecer tu realidad. Y para lograrlo, tu mejor amigo y compañero va a ser la estrella de este capítulo: la empatía.

La empatía será tu punto de partida para cualquier cosa en la que tengas intención de incidir, pues es la cualidad que te permitirá ver las cosas como las ve alguien más; es lo que te dará la oportunidad de considerar el contexto que está viviendo el otro, y sí, por más cliché que suene, ponerte en sus zapatos.

A nivel personal, entender a los demás te permite generar una conexión real con la persona con la que te estás relacionando. Además de crear, crecer y manejar estas relaciones de una manera sana, la conexión hace que puedas desarrollar conciencia social con y para tu entorno, y claro, con y para el de los demás, por muy parecido o distinto que sea al tuyo, y así también detectar nuevas áreas de oportunidad. **Como el iceberg que se extiende hasta las profundidades del océano y solo revela su punta, lo que vemos es apenas una fracción de lo que realmente es.**

LOS TRES TIPOS DE EMPATÍA

Los especialistas han identificado que la empatía, cuando menos, implica tres procesos distintos que suceden de manera lineal: reconocer la emoción de quien tenemos enfrente, integrarla para comprender lo que siente la persona y reaccionar con conductas congruentes como respuesta a esta cadena de sucesos:

1) **Empatía cognitiva.** Es la primera parte del proceso empático: la habilidad de percibir o captar lo que está pensando o sintiendo la otra persona, sin que exista una implicación tuya en esa emoción aún. Se centra en elementos lógicos y racionales y tiene muchas aplicaciones; por ejemplo, en el ámbito de la negociación te permite identificar lo que el otro busca manteniendo una cabeza fría o permaneciendo imparcial.

2) **Empatía emocional.** El segundo paso del proceso empático sucede una vez que captaste la realidad de la otra persona y te vuelves sensible a sus sentimientos o emociones; te identificas con ellos y eres capaz de distinguir por qué la situación que está enfrentando la hace sentir de ese modo. Es importante tener cuidado con esta habilidad y saber distinguir cuáles son las emociones del otro y dónde empiezan las tuyas, ya que absorber emociones de todos los que nos rodean nos puede dificultar manejar las nuestras y llevarnos a un agotamiento emocional.

3) **Simpatía o preocupación empática.** Es el último paso del proceso empático que no solo trata de entender a los demás y compartir sus emociones, sino de pasar a la acción, a

ayudarlos de manera desinteresada. Es lo que te lleva a revisar la tarea de la sobrina que te pidió ayuda para su clase de inglés, a cubrir al colega que tiene que faltar al trabajo porque van a operar a su perro y a donar insumos en beneficio de las víctimas de un terremoto que dejó miles de damnificados. Eso que te permite pasar de la mera preocupación a la acción.

DE EMPATÍA A «ECPATÍA»

Ahora bien, el hecho de que seas empático no quiere decir que en todas tus decisiones a fuerza tengas que tomar en cuenta lo que el resto del mundo busca o necesita. A veces se vale ser un poco egoísta y tomar decisiones que no beneficien a todo el mundo necesariamente. Como en todo, tienes que encontrar un balance, como lo descubrirás con el paso de los años y conforme acumules más experiencia.

Hay un concepto contrario a la empatía conocido como *ecpatía*, un proceso mental que nos permite excluir sentimientos, actitudes, pensamientos y motivaciones inducidos por otros. Es un mecanismo que nos permite evitar los excesos de la empatía, y protegernos así del contagio emocional y la manipulación que puede resultar de un mal uso de esta habilidad. Se trata de **impedir que la vida de otros nos arrastre y preservar, en cambio, la posibilidad de reconocer y sentir todo lo que ocurre dentro de uno contra lo que es ajeno.**

Imagina que estás en un partido de futbol, a punto de meter un gol y de repente te percatas de que la familia del portero, lo único que ahora se interpone entre el triunfo y tú, está ahí, apoyándolo y motivándolo a gritos para que evite ese punto que haría que su equipo fracasara. A él lo percibes nervioso, quizá hasta triste de ver que, pese a las porras de su familia, una vez que tires ese cañonazo hay una gran posibilidad de que pierdan el partido. Tu empatía podría tentarte a sacrificar la victoria por la que tanto te has esforzado solo porque entiendes y te identificas con la situación del portero. Sin embargo, por más que eso te conmueva, sabes lo mucho que está en juego y también el esfuerzo que ha habido de tu lado. Ahí es donde entra en acción la ecpatía: te deja tus prioridades en claro y te hace disparar el balón y anotar un golazo con el que ganas el partido. Hay situaciones en las que es válido ignorar lo que tu acción provocaría en los demás y pensar en ti y en los tuyos, sobre todo en casos como este en el que no estás haciendo un daño real a nadie.

LA EMPATÍA ES CUESTIÓN DEL DÍA A DÍA

Una persona que es empática en el ámbito laboral es alguien con quien da gusto trabajar, porque de entrada va a intentar entenderme a mí, no solo se va a fijar en lo que ella quiere. Por ejemplo, si yo soy el dueño de una empresa y soy empático con mis empleados, lo que estoy haciendo es darme el tiempo de escuchar lo que quieren, interesarme por sus sueños, sus expectativas, y en función de eso, buscar la manera de alinear sus objetivos individuales con los de la compañía.

Con tus clientes ocurre lo mismo. Si quieres una relación sólida con ellos para venderles algo en un futuro, también tienes que ser empático, pues la empatía te permitirá entender sus necesidades, ver cómo van evolucionando y, entonces, ofrecerles lo que buscan.

> **¡AGUAS!** Descifrar y entender a fondo lo que inquieta a las personas puede ser un arma de doble filo que te abre la puerta para hacer cosas muy útiles y beneficiosas, pero también es un pase directo para manipularlas. Ten cuidado de usar esta habilidad para sumar, jamás para restar.

LA BRECHA ENTRE UNA EMPRESA EMPÁTICA Y UNA CON FALTA DE EMPATÍA

¿Te suena el nombre de Kodak? Si eres muy joven quizá lo hayas oído solo de manera fugaz. Kodak era una multinacional de origen estadounidense líder, entre otras cosas, en el desarrollo de equipo fotográfico, y es un ejemplo de un conglomerado que sin duda se habría beneficiado del uso acertado de la empatía.

En 1975 Steven Sasson, ingeniero eléctrico de la compañía, inventó lo que hoy conocemos como la cámara digital. Orgulloso de su invento, Sasson se lo presentó al consejo de la empresa, quienes en lugar de verlo como un producto revolucionario y como algo que respondía a las necesidades que con el desarrollo tecnológico poco a poco emergían, se enfocaron en los perjuicios que dicho invento podría traer a su empresa, a sus patentes y a muchas de las divisiones existentes en su negocio (el papel de impresión, el revelado, la venta de rollos fotográficos, etc.). Y sí, por increíble que parezca, se negaron a adoptar el invento de Sasson.

Me queda claro que la empresa habría tomado un altísimo riesgo al adoptar esta nueva tecnología, pero al no hacerlo se puso de rodillas en la guillotina y, a fin de cuentas, quebró. Desde entonces, aunque ha aprovechado su acervo tecnológico para seguir con algo de vida, perdió su dominancia cuasimonopólica en el mercado, todo por no darse el tiempo ni la oportunidad de voltear a ver qué querían realmente sus clientes. Perdió su liderazgo por falta de empatía.

Del otro lado tenemos a Starbucks. La que hoy conocemos como la reina de las cafeterías vio la luz hace 50 años en la ciudad de Seattle, Estados Unidos, como una pequeña cafetería local. Treinta años más tarde, por ahí de 2003, la empresa ya tenía más de 6 mil tiendas esparcidas por el mundo (y muchos ánimos de seguir creciendo).

Todo parecía ir viento en popa hasta 2008, cuando llegó la crisis de bienes raíces. Esto ocasionó el cierre de más de mil tiendas y les hizo perder un importante porcentaje de ganancias. Howard Schultz, quien entonces se encontraba a cargo de la compañía, dedujo que ese momento de crisis no podía pasar de noche, algo bueno tendría que salir de ahí. «Tenemos que cambiar, salirnos de la burocracia corporativa y empezar a ver qué es lo que quieren los clientes», concluyó. A partir de eso desarrolló una estrategia que llamó «My Starbucks Idea», que consistía en darles el poder a los clientes de decidir el rumbo de las cafeterías: ¿qué les gustaba y qué no?, ¿qué querían que cambiara?, ¿qué les gustaría ver?, ¿qué les gustaría probar?, ¿qué le faltaba a su experiencia? Todas sus respuestas podrían compartirlas con la empresa.

Así, de pronto, más de 90 mil ideas llegaron a las oficinas de Starbucks, de las cuales terminaron eligiendo 100 para darles vida, y con eso darle un *punch* brutal a la experiencia dentro de las cafeterías. Gracias a eso continuaron creciendo, y hoy en día tienen 27 mil locaciones, 250 mil empleados y presencia en mercados alrededor del mundo. En buena parte, Starbucks le debe su éxito a haber escuchado a sus clientes, preocuparse por entender sus necesidades y darles el servicio que buscaban, dicho de otra manera, a haber hecho un uso extraordinario de la empatía.

LA EMPATÍA: CLAVE DE LAS *STARTUPS*

A estas alturas del libro ya sabes que lo mío son las *startups* y el emprendimiento, así que sería casi un pecado terminar este capítulo sin hacer un buen guiño a todos los emprendedores que me están leyendo.

Uno de los ingredientes principales en todo emprendimiento exitoso es, desde luego, la empatía. ¿Por qué? Porque como repasamos en el capítulo cuatro, para innovar lo primero que tienes que hacer es encontrar un problema o una necesidad real. Y para encontrar ese problema tienes que entender lo que la gente está pensando, es decir, tienes que ser superempático. En el mundo corporativo a esto se le conoce como **un *insight*, es decir, cuando**

al hacer uso de tu empatía detectas esa necesidad entre tus consumidores o público objetivo y la conviertes en una oportunidad de negocio.

Cuando crearon Uber, los fundadores entendieron que la gente estaba harta de los taxis porque no era fácil localizarlos, porque había veces que nada más no llegaba ninguno, porque no eran limpios y, sobre todo, porque cada vez eran menos seguros. Con base en eso, y aprovechando la tecnología, lograron empatizar con los usuarios de ese servicio y crearon uno mucho mejor.

Airbnb es un caso similar. Otro emprendimiento que entendió a fondo a su audiencia y captó que había un gran número de personas a las que no les encantaba quedarse en un hotel cuando viajaban y que preferían vivir una experiencia mucho más local. Hoy en día Aribnb es la empresa de hospedaje más grande del mundo.

En un caso más cercano tenemos a los hermanos Walter y Ricardo Murguía, dueños de la empresa Señor Dog y con quienes tuve la fortuna de asociarme en el programa de *Shark Tank*. Ellos entendieron que quienes tenemos mascotas debemos lidiar con el problema, en el caso de los perros, de que no hagan sus necesidades donde quieran, y en el caso de los gatos, de que no rasquen y destruyan los muebles de nuestros hogares. Para ello desarrollaron una fórmula que logra repeler ambos comportamientos y que hasta ahora ha sido realmente exitosa, y es que esa empatía para entender las necesidades de su segmento de clientes les ha abierto un mercado que siguen aprovechando y en el que siguen creciendo hasta la fecha.

Cuando los negocios fallan, muchas veces lo hacen porque dejan de preocuparse por entender su mercado y las cambiantes necesidades de sus clientes, y en su lugar se encierran en sus procesos internos exclusivamente. Kodak es un caso, pero basta que hagas memoria y pienses en todas las marcas que han desaparecido para identificar más ejemplos.

> La razón suele ser la misma: la falta de empatía. Por ello, el entendimiento de tus clientes y del mercado al que te diriges son de las principales herramientas para llegar y mantenerte en la cima del éxito.

EL ABC DE LA EMPATÍA

Si después de todo lo que has leído crees que tu manera de ser poco se relaciona con esta habilidad, o si reconoces que, aunque tu actuar tiene tintes de empatía, puedes desarrollarla más, hay varias cosas que puedes hacer.

1) **Atrévete a enfrentar retos.** Tienes que retarte constantemente, incitándote a probar cosas nuevas, a reinventarte y a ser una mejor versión de ti. Hazlo siempre que puedas, eso te ayudará a mantenerte en movimiento, te permitirá ser empático con todo lo que está sucediendo a tu alrededor y evitará que caigas en la rutina. Recuerda: saber tomar riesgos de manera inteligente trae consigo un crecimiento mayor y, también, mayores recompensas.

2) **Bájale a tu ego.** Debes dejar de asumirte como el poseedor de la verdad absoluta. Tú no sabes todo, ni todo lo que sabes está bien. Ya lo abordaremos con calma en el siguiente capítulo, pero por lo pronto abre tu mente.

3) **Continúa aprendiendo.** Sé curioso de otras personas. Explora qué hay detrás de cada mente, de cada cosa. Hay mucha gente que se enfrasca tanto en sí misma que no le importa la vida de los demás, y eso la hace increíblemente egoísta. Si tienes un poquito de curiosidad de cómo viven otras personas, de qué piensan, qué les afecta y qué no, habrás avanzado una casilla en empatía.

4) **Da un paso afuera.** Sal de tu entorno, rompe tu burbuja. Hay un mundo afuera, más allá de tu zona de confort, que está ansioso por verte y ser visto. Te vas a sorprender

de todo lo que ahí puedes encontrar, de la frescura de las distintas perspectivas que hay además de la tuya.

5) **Escucha con atención.** Pide a la gente a tu alrededor que te dé retroalimentación y permítete escuchar con atención todo lo que tiene que decir. No tienes que hacerle caso a todo, pero el solo escuchar te puede ayudar a darte cuenta de cosas de ti y de tu entorno que ni habías notado.

6) **Frena los prejuicios.** A veces es difícil, pero parte importante de ser empático es dejar de lado estas ideas preconcebidas que nos hacemos de la gente y que nos ponen una barrera, de antemano, para encontrar puntos de vista en común. Haz un esfuerzo por borrar tus prejuicios y encontrar vértices para que, aunque seamos totalmente distintos, podamos respetarnos el uno al otro.

7) **Guíate también por el corazón.** La cabeza no siempre tiene la razón. Trata de entender los sentimientos, de ponerte en la piel de otras personas, incluso aventúrate a vivir la vida de alguien más de primera mano. Por ejemplo, si quieres entender la pobreza, haz el experimento de vivir un día sin dinero; acabarás teniendo muchísima más empatía que quien nunca la ha experimentado.

8) **Haz uso de tu imaginación.** Cuando no puedas experimentar en carne propia las situaciones por las que pasan los demás, tu imaginación será clave para visualizar las distintas circunstancias que envuelven a cada persona y que condicionan su manera de vivir, pensar, sentir y actuar.

Cierro este capítulo con la siguiente reflexión del expresidente de Estados Unidos, Barack Obama:

> «Aprender a ponerse en los zapatos de alguien más, y a ver a través de sus ojos, es lo que da inicio a la paz. Y está en ti hacer que eso ocurra. La empatía es una cualidad de nuestro carácter que puede cambiar al mundo».

APRENDIZAJE
para llevar

La empatía es una habilidad indispensable que te ayudará en todo lo que hagas, ya sea comenzar un negocio, o simplemente construir relaciones más sólidas con todos a tu alrededor. Procura que ponerte en el lugar de los demás, entender sus sueños, sus necesidades o problemas sea tu punto cero. Verás cómo te permitirá hallar el *insight* correcto para innovar, entender mejor a tu equipo y darle en el clavo a ese nuevo proyecto que estabas buscando.

QUÉ SÍ Y QUÉ NO

LO QUE SÍ	LO QUE NO
• Entiende que nuestra visión siempre es parcial: vemos menos de lo que en realidad es. • Define tu oferta de valor a partir de lo que las personas quieren o necesitan. • Sal de lo conocido, arriésgate e innova a partir de la empatía. • Esfuérzate en ponerte en los zapatos de los demás y ver el mundo desde su perspectiva.	• Manipular a las demás personas a partir de conocer lo que buscan. • Ser necio con tu visión del entorno: puede que hoy te funcione, pero debes ser empático para identificar si en algún momento este cambia. • Innovar sin primero tomar en cuenta el sentir de tu público objetivo. • Perder de vista cómo cambian tus clientes, para adaptarte a sus necesidades.

EJERCICIO

Hay un ejercicio que sugiere la escritora y consultora en marketing Jennifer Winter, que te quiero compartir para reforzar lo visto en este capítulo. Se basa en la premisa de que, contrario a lo que nos han hecho creer, «la curiosidad no mató al gato», sino que es una herramienta que nos permite innovar y, claro, empatizar.

¿En qué consiste?

Lo primero que debes hacer es escribir una serie de preguntas que les harías a otras personas para conocerlas, como: «¿Cuál es tu comida favorita?» o «¿cuál ha sido el momento más feliz de tu vida?».

Ahora sepáralas en dos grupos llamados: «Preguntas simples» y «Preguntas complejas». Siguiendo el ejemplo anterior, la pregunta sobre la comida iría en el primer grupo, mientras que una que requiera que la persona piense un poco más en la respuesta, como la del momento más feliz de su vida, iría en el segundo. No te pongas límite, escribe todas las preguntas que se te ocurran y, ahora sí, ¡manos a la obra!

Preguntas simples	Preguntas complejas

Elige tres preguntas de las que hayas enlistado, una de la columna de «Preguntas simples» y dos de la de «Preguntas complejas». Una vez que las tengas, anótalas en un papel, en las notas del celular o en algo que puedas transportar fácilmente.

Ahora viene la parte difícil. Pon atención a la gente que te cruzas en tu día a día y que consideres que son completos extraños para ti: la persona que le puso gasolina a tu coche, el mesero que te atendió en un restaurante o incluso algún compañero de trabajo de quien lo único que sabes es su nombre.

De todas las personas que identificaste, elige una, y hazle las tres preguntas que seleccionaste en el punto número tres. No es necesario que apuntes las respuestas, solo que pongas atención a lo que dicen, y una vez que terminen de compartírtelo, reflexiones por qué te contestaron eso. Piensa en su contexto, en su edad, en su apariencia, en su género... en todo lo que pudiste abstraer de ese breve encuentro.

El objetivo es que repliques este ejercicio varias veces, de modo que te obligues a dejar atrás momentáneamente tu opinión sobre el mundo y te des la oportunidad de adentrarte en la mente y el contexto de las personas que te rodean, te aseguro que por abstracto que se vea, esto te hará tener un mejor entendimiento de otras realidades que transcurren frente a tus propios ojos.

HUMILDAD

12

CABEZA GRANDE Y GRAN CABEZA NO SON LA MISMA PROEZA.

Dicho popular

Nunca olvidaré el día en que nació Jacky, mi hija mayor. Adicional a la felicidad de convertirme en papá, recuerdo que su llegada trajo una de las lecciones más poderosas de mi vida. Cuando la tuve en brazos por primera vez, fue cuando me di cuenta de que a partir de ese momento el mundo ya no giraba alrededor de mí, ahora lo hacía alrededor de ella.

Crecemos con la idea de que todo se trata de nosotros, nos sentimos especiales porque nos consienten desde pequeños. Nuestros papás van a nuestros festivales, a nuestras competencias, nos aplauden. Y de repente, llega el día en que te conviertes en padre, en esa figura que ahora tiene en sus manos una responsabilidad mayúscula de cuidar la vida de ese pequeño y vulnerable ser humano.

Cargar a Jacky me cambió la vida, entre otras cosas porque en ese preciso momento me di cuenta de que estaba dispuesto a morir por esa bebé, y entendí que siempre hay algo más grande e importante fuera de ti mismo. En otras palabras, en ese instante supe lo que era la humildad.

«La verdadera humildad no es pensar menos de ti, es pensar en ti menos», dijo el novelista C. S. Lewis. Y justo con el nacimiento de Jacky entendí que la humildad te permite verte de una manera más modesta, sin creerte de más por tu grandeza, pues, fuera de ti, el mundo es muchísimo más amplio.

No digo que no debas tener autoestima, o que no reconozcas lo que hasta el momento has recorrido y alcanzado, al contrario, eso es importantísimo, pero es crucial tener claro que ser exitoso o haber logrado tu objetivo no te hace superior a nadie, por el contrario, te hace responsable de ser agradecido y recíproco con todas las personas que de manera directa e indirecta tuvieron algo que ver para que llegaras ahí; siempre las hay, es prácticamente imposible lograr grandes éxitos sin el apoyo de alguien.

UN LÍDER SIN HUMILDAD SOLO ES UNA PERSONA CON PODER

Hablemos de Donald Trump, un cuate que podría concebirse (al menos según él) como exitoso bajo los preceptos de dinero y poder, pero que es cero humilde. No lo considero ni buen líder ni alguien de ninguna manera admirable. Piénsalo, es verdad que llegó a una posición muy alta, pero ¿realmente querrías ser él? La mitad de Estados Unidos lo aborrece, es más, la mayoría de la gente en el mundo lo desprecia. Llegó hasta la presidencia de Estados Unidos a costa de pisotear y dar la espalda; y bueno, ya estando ahí, su magistral falta de humildad lo previno de aprovechar esa gran oportunidad y utilizar su posición para hacer algo virtuoso.

Es muy difícil convivir, trabajar en equipo o ser un buen líder si no eres humilde. Más adelante profundizaremos más en esta habilidad de liderazgo, pero por lo pronto, me parece importante ir resaltando la relación que existe entre ambas cualidades. Para liderar, la gente tiene que admirarte y seguirte porque te aprecia, porque te estima y le gusta cómo piensas, JAMÁS por miedo. No creo que haya nada que la gente odie más que alguien que se cree superior, especialmente cuando trata a los demás como inferiores.

Los mejores líderes del mundo son humildes, son empáticos con su público y se interesan por saber y entender lo que están sintiendo los demás. Son personas que dan críticas constructivas, que en vez de solo señalar tus errores, te ayudan a mejorar. Son personas que guían, que anteponen siempre los intereses y el bienestar colectivo, y eso siempre tendrá un resultado positivo.

Volvamos a Nelson Mandela. Como te habrás dado cuenta, es una de las personas que más admiro en el mundo. Piénsalo, fue un hombre al que por defender el color de su piel lo metieron a la cárcel 30 años. Al cumplir su sentencia, sale de la cárcel, lidera todo un movimiento en contra del racismo, se vuelve presidente de Sudáfrica y, ahí, con el poder que le confiere ser presidente en sus manos, decide no proceder contra las personas que injustamente le arrebataron su libertad. No hay nada más humilde y empático que eso: tuvo la gran habilidad de entender lo que les convenía como sociedad, y aceptar que eso era mucho mayor que él y su pasado.

Ahora mirémoslo con alguien contemporáneo e inmerso en el mundo de los negocios: Warren Buffet. Otra gran personalidad que deberíamos admirar por su humildad. Él es presidente y director ejecutivo de Berkshire Hathaway y es uno de los hombres más ricos del mundo, pero también es uno de los más sencillos. Siempre ha vivido en la misma casa, ha manejado el mismo modelo de auto, procura no hacer gastos exuberantes y, además, ha prometido que el 99% de su fortuna se irá a la caridad y a diferentes tipos de organizaciones una vez que él muera. Es una persona que piensa en los demás, que no quiere impresionar a nadie. Eso ha hecho que a todo mundo le caiga bien, que lo estimen y, por supuesto, que lo sigan.

Y aclaro, si Buffet quisiera comprarse un Ferrari, no tiene nada de malo, es su dinero y él lo ha trabajado, pero la humildad va encaminada a no sentir la necesidad de ser ostentoso solo para hacer sentir menos a los demás; se trata de cómo te conduces y te desenvuelves en el mundo y con las personas a tu alrededor.

> Como bien dice mi padre: «La persona más rica no es la que más tiene sino la que menos necesita».

LA HUMILDAD Y SUS ARISTAS

La humildad nos permite tener una actitud flexible, abierta y receptiva. Fomenta la curiosidad, la reflexión y la apertura de mente. También se relaciona directamente con la aceptación de nuestros defectos, limitaciones y áreas de oportunidad. Nos hace cuestionarnos y pensar dos veces antes de decir las cosas.

En 2019 una serie de investigadores de la universidad Hope College en Míchigan, Estados Unidos, puso en marcha un nuevo ensayo para explicar por qué la humildad en cualquiera de sus formas es un rasgo invaluable de la personalidad. Las conclusiones fueron las mencionadas arriba. Lo curioso es la siguiente afirmación que Van Tongeren, el investigador líder de este estudio, compartió con *The New York Times* en una entrevista: «Uno de los aspectos polémicos es que quienes están más abiertos y dispuestos a cultivar la humildad quizá son los que menos la necesitan. Y viceversa: quienes más la necesitan podrían ser los más reticentes a cultivarla».

De hecho, el autor español Borja Vilaseca escribió en una ocasión sobre el tema para el diario *El País*, y dijo algo que me pareció sumamente atinado: «La paradoja de la humildad es que cuando se manifiesta, se corrompe y desaparece. La coletilla "en mi humilde opinión" no es más que nuestro orgullo disfrazado. La verdadera práctica de esta virtud no se predica, se practica», complementando que la humildad es el resultado de conocer nuestra esencia más allá del ego, cosa que se logra llegando al fondo de lo que somos y entendiendo que eso que somos no es lo que pensamos, decimos, hacemos y tenemos, es algo más grande y, claro, menos tangible o visible.

Como en todo, ningún extremo es bueno, y esta no es la excepción. Van Tongeren también señaló en su entrevista con *The New York Times* la importancia de explorar el «lado oscuro» de la humildad, el cual, en exceso, puede ocasionar que la persona tenga baja autoestima, desconfianza excesiva y retraimiento social, algo que en definitiva te la pondrá más difícil para ser exitoso, así que aunque sea difícil, procuremos ser equilibrados.

APERTURA

Poner en práctica la humildad implica estar abiertos a cuestionar, confrontar prejuicios, escuchar, pedir retroalimentación, incluso saber admitir cuando cometes errores.

Es fundamental que tengas apertura con y hacia tu entorno en general. En una empresa, por ejemplo, tus clientes pueden pedirte cosas que al principio no tienen sentido para ti, cuando en realidad se trata de algo que viene de una perspectiva distinta y atinada. De no escucharlos, te arriesgarías a perder la oportunidad de hacer las cosas mejor. En cambio, si los escuchas y consideras su propuesta, te abres a la posibilidad de que el resultado sea exitoso.

Lo mismo con tus empleados. Ellos podrían llegar a sugerirte cosas que, de ajustarse, enriquecerían el ambiente laboral y aumentarían la productividad del negocio, pero si no eres humilde y no tienes la apertura de escuchar, nuevamente, vas a perder oportunidades de crecimiento importantes.

Parte de esta apertura también refiere a la humildad de rodearse de personas con más conocimiento que uno, es decir, de mentores. Toda persona exitosa entiende que no es sabelotodo y que, por lo tanto, se vale acudir a quienes saben más sobre ciertos temas y recibir su ayuda. Con su apoyo lograrás un entendimiento mucho más integral de prácticamente todo. **Que tu ego no te prive del privilegio que es nutrirte de otras mentes.**

> «NUNCA MIRES HACIA ABAJO A NADIE, A MENOS QUE LE ESTÉS AYUDANDO A LEVANTARSE. LA HUMILDAD ENGRANDECE A LAS PERSONAS».
> **Gabriel García Márquez**

UN ANTES Y UN DESPUÉS: LA MENTORÍA

Los mentores son personas con muchísima experiencia y, por lo mismo, han pasado por una serie de cosas que en definitiva tú no. Su consejo y su guía te pueden ahorrar muchísimos golpes y equivocaciones. No solo eso, sino que además te permitirá transitar en tu camino al éxito de la mano de alguien que ya estuvo ahí y que piensa en lo que más te conviene.

Ya hablaremos sobre lo que implica buscar a un mentor, pero antes abordemos el punto cero: identificar dónde necesitas esa ayuda que solo un mentor te puede dar. ¿Recuerdas el FODA? El ejercicio de introspección que hiciste unos capítulos atrás para conocer y reconocer tus luces y sombras. Bueno, acá nos enfocaremos en el tema de la «D», las debilidades. Para definir dónde puedes sacar mayor provecho de una mentoría, es superimportante tener claro qué es lo que te cuesta o hay que mejorar.

Si no sabes en qué flaqueas, no podrás tener mentores que te ayuden de verdad, pues estos se eligen en función de la disciplina en la que se destacan. Por ejemplo, si al terminar de enlistar mis debilidades me doy cuenta de que no sé mucho sobre marketing y mi proyecto necesita forzosamente que tenga más claridad en este tema, entonces ahí está mi respuesta, tendré que buscar un mentor que sea experto en marketing. O igual en un plano más individual, soy malísimo organizando mi tiempo y necesito alguien que me ayude a lograr un balance entre mi vida profesional y personal, se vale. **La mentoría sirve para acelerar tu aprendizaje en TODO, no nada más en los negocios.**

Ojo, un mentor NO es un consultor. A un consultor por lo regular se le paga por un servicio de consultoría en un tema en el que ciertamente tú no eres experto, pero un mentor es distinto. Es una persona que te apoya, te orienta y comparte su conocimiento, sin necesariamente pedir nada a cambio.

SOBRE ELEGIR UN MENTOR

La primera vez que acudí a un mentor, fui con un cuate que trabajaba en una empresa top 10 de tecnología. Recién comenzábamos con Simitel, la empresa de telecomunicaciones de la que hablé hace un par de capítulos. En ese entonces no teníamos más de seis personas en el equipo, sin embargo, esta persona que, por supuesto, trabajaba en un corporativo gigante, empezó a bombardearme con preguntas como si ya fuéramos una trasnacional. Que si teníamos un director de Recursos Humanos, que si uno de Marketing o al menos uno de Ventas. Yo le recordé que éramos seis personas en la empresa, pero él insistió en que para avanzar era importante que tuviéramos una estructura corporativa inmensa... Ahí me di cuenta de que, en definitiva, él veía mi empresa de una manera completamente distinta a como yo la veía.

La mentoría que nos dio no nos sirvió, al contrario, si le hubiéramos hecho caso hubiéramos quebrado de inmediato por el gasto tan superfluo en el que hubiésemos incurrido. Y ojo, él es una persona que admiro muchísimo y que ha sido muy exitoso como ejecutivo, pero su visión estuvo totalmente desalineada de la etapa en la que nos encontrábamos. Él vio mi situación con la perspectiva de un directivo, y no se dio cuenta de que yo necesitaba un mentor para *mi* situación, para *mi* contexto y para *mi* empresa, no para la suya.

En cambio, posteriormente en Simitel busqué a diferentes expertos en la parte de ventas de tecnología o desarrollo de software (áreas en las que yo no tenía mucho conocimiento) que nos ayudaron muchísimo. Y ahora con Startup México también tengo mentores, pues me parece crucial tener gente cerca con experiencia, a la cual preguntarle o con quien pelotear ideas. Esto se lo recomiendo a todos, tanto en situaciones personales como profesionales.

Saber escoger al mentor correcto en realidad es un arte. Como lo mencioné antes, debes encontrar a alguien que sea un experto en su campo, pero también que tenga la habilidad de ubicar el contexto y circunstancias particulares que te envuelven, así como la habilidad de guiarte verdaderamente. Como ya lo descubrirás, ser exitoso y saber cómo llevar a alguien hacia el éxito es muy diferente.

Es cierto que no hay una fórmula específica para escoger un mentor, pero algunas cosas que te recomiendo considerar al elegir uno son:

a. Que sea alguien a quien admires.
b. Que de verdad tenga una abundante maestría en su tema.
c. Que tengas cómo llegar a él o a ella (quién no quisiera tener a Warren Buffet o a Elon Musk como mentores, pero son contados quienes gozan de ese privilegio).
d. Que tenga disponibilidad de tiempo y esté dispuesto a dedicarle un par de horas al mes a su trabajo contigo.

Bien. Ya sabes a quién quieres como mentor. Ahora, ¿cómo te acercas a pedir su ayuda? Simplemente le preguntas. Quizá tengan un contacto en común y puedas llegar a él mediante una recomendación. Quizá te encuentres con él en una conferencia o algún congreso y logres tener una plática uno a uno, aunque sea por unos minutos. Aprovecha tu red de contactos, anímate a asistir a cursos y conferencias de tu gremio. El famoso *networking* realmente hace toda la diferencia a la hora de buscar y encontrar a la gente correcta. ¿Recuerdas el capítulo sobre la audacia?, pues atrévete a hacerlo. Lo peor que puede pasar es que te digan que no y busques a alguien más.

Shark Tank es, de hecho, un gran ejemplo de mentoría. Si bien es cierto que miles de emprendedores acuden en busca de una inversión, eso no es lo único que obtienen. Detrás de cada tiburón hay un bagaje importante de experiencia, de contactos y de amplísimo conocimiento de negocios. En ese sentido, cerrar un trato te convierte en un aprendiz automático. De las cosas que más coraje me dan es cuando los emprendedores pierden esta oportunidad de sacar provecho de una de nuestras inversiones, porque solo piensan en los números. Si bien el dinero es necesario, la experiencia, los contactos y conocimientos de los tiburones son aún más valiosos para un emprendimiento, en especial en las etapas tempranas en las que por lo general se encuentran.

Y recuerda: así como tuviste la humildad de buscar a un mentor, debes saber reconocer cuando sus personalidades o maneras de trabajar no encajan y, por lo tanto, no es posible forjar una relación mentor-aprendiz a largo plazo (más sobre esto en unas líneas). **La idea es que cuando alguien ya es tu mentor, lo sea por un buen rato.** Es una relación que se cultiva y se trabaja con el tiempo, verás lo útil que es saber que tienes a alguien de su nivel con quién consultar las decisiones que enfrentarás en el camino y, más allá de eso, lo increíble que es disfrutar de la riqueza que obtienes de un lazo como ese.

SOBRE SER APRENDIZ

A continuación te dejo un par de consejos para que aproveches al máximo la experiencia de tener un mentor:

1) **Mide su química.** Siempre digo que la primera junta con un mentor es para conocerse, para ver si son compatibles. Es un espacio para conversar y percibir, de tu lado, si el mentor es alguien que realmente te puede ayudar; y del suyo, si en verdad está interesado en que tú te vuelvas su aprendiz. Si descubren que no son compatibles, está bien, para eso es este primer encuentro, para medirse. Ambos buscarán a otras personas con las que puedan trabajar mejor.
2) **Haz las preguntas correctas.** Como aprendiz tienes que ir preparado para hacerle las preguntas necesarias a tu mentor, porque tampoco tienes un tiempo infinito con él o ella. Asegúrate de llegar con preguntas o solicitudes puntuales cada vez que se reúnan: «Oye, ¿me podrías acercar a tal persona?», «¿Me ayudarías a hacer esto bien?», «Tengo este problema, ¿tú qué harías en esta situación?». Evita llegar a sentarte y esperar a que ellos guíen la junta.
3) **Motívalo a seguir apoyándote.** Recuerda que no pagas por su tiempo, por lo que es importante que lo motives de otra manera. Puede ser algo tan mundano como hacerlo sentir que en serio lo escuchas y valoras sus consejos, que vea el progreso que has tenido a raíz de su mentoría o incluso invitándolo a beneficiarse de alguna manera del crecimiento de tu empresa.

¡CONSEJO! Si en algún momento llegas a tener más de un mentor, y cada uno te manda por una dirección distinta, es probable que termines confundido. Una manera de evitar eso es juntar a todos los mentores y hacer una especie de consejo consultivo, dejarlos que «se peleen», y una vez que cada uno exponga su punto, entre todos (tú incluido) dialoguen para encontrar un camino consensuado.

Y recuerda: en tu camino con un mentor puedes o no hacerle caso, no tienes que hacer todo lo que te dice, pero sí al menos considerarlo. Debes reconocer que sabe de dónde viene y que su aporte trae años de experiencia y conocimiento detrás.

Una vez tuve la oportunidad de dar una mentoría a una gran amiga, Adina Chelminsky, excelente emprendedora y escritora, quien después describió muy atinadamente lo que es un mentor en un artículo:

> Un mentor no es un socio del negocio (no necesariamente invierte dinero), no es un proveedor pagado de servicios (como tu contador) y su trabajo, generalmente, es voluntario. No son tu papá o tu mamá o tu amigo para llorarles en caso de que algo salga mal, no son tu psicoanalista para oír rollos existenciales (te van a asesorar en temas específicos del negocio) y no asumen ni el mérito en caso de tu éxito, ni la responsabilidad en caso del fracaso [...] son guías profesionales en uno o varios aspectos del negocio o formación profesional que están dispuestos a caminar a tu lado durante un tiempo.

Si algo te llevas de esta segunda parte del capítulo, que sea lo siguiente:

- Los mentores tienen la capacidad de identificar áreas de mejora en ti que quizá tú no habías detectado antes.
- Estimulan tu crecimiento personal y profesional.
- Te alientan, te dan esperanza y confianza en ti mismo para mantenerte en constante movimiento.
- Te obligan a tener cierta disciplina que antes no tenías.
- Estarán dispuestos a rebotar ideas contigo con el fin de encontrar errores que no habías encontrado, o llegar a soluciones que no hubieras imaginado.
- Te pueden conectar con gente, eso es superimportante porque, para ser exitoso en el mundo laboral, las conexiones son esenciales.

APRENDIZAJE
para llevar

La humildad es una herramienta esencial para llegar lejos sin olvidar de dónde vienes y el camino que has recorrido. Recuerda siempre que aún hay mucho por recorrer y aprender. Déjate acompañar por las personas que compartan tu visión, aprende de ellas, reconoce tus errores y no olvides que el éxito no te lo da el poder, te lo dan los pies sobre la tierra.

QUÉ SÍ Y QUÉ NO

LO QUE SÍ	LO QUE NO
• Sé agradecido.	• Dejar que el orgullo nuble tu visión.
• Admite tus errores y responsabilízate por ellos.	• Creer que no necesitas a nadie.
• Sé receptivo con los puntos de vista de otras personas, ¡no lo sabes todo!	• Ser humilde en exceso, y permitir que eso se traduzca en una falta de autoestima y desconfianza.
• Recuerda que la humildad siempre viene de la mano de la empatía.	• Cerrarte a recibir retroalimentación o consejos de parte de tus mentores.
• Encuentra a un mentor que te entienda y te comparta su experiencia y conocimientos. ¡Será un guía invaluable!	

EJERCICIO

Alguna vez leí una anécdota sobre un maestro y un alumno que te quiero compartir como ejercicio de reflexión final para este capítulo.

> Un maestro y un alumno se encuentran por primera vez. Al verse, el alumno se inclina profunda y respetuosamente. Por su parte, el maestro se inclina más abajo de lo que el alumno lo hizo.
>
> El alumno entiende esto como una lección de humildad y se sorprende. ¿Cómo puede ser que su maestro, el hombre al que desea honrar, lo esté honrando a él? Sumido en ese pensamiento, el alumno se inclina más pronunciadamente de lo que se ha inclinado el maestro, en honor a dicha lección.
>
> Y entonces vuelve a ocurrir. El maestro se inclina todavía más.
>
> El alumno interpreta una segunda lección. Pensar que has sido humilde no es lo mismo que realmente haberlo sido. Así que el alumno se inclina más profundo.
>
> Una vez más, el maestro se inclina más abajo que él, y así continúan hasta que al final el maestro deja de inclinarse.
>
> El alumno cree haber expresado de forma adecuada su humildad, se siente victorioso.
>
> «¿Ves? Soy lo suficientemente humilde. Me inclino más abajo ante los maestros que hacen una reverencia baja».
>
> Pero luego se le ocurre: ¿tratar de demostrar que él era más humilde que su maestro era lo más humilde que podía hacer?, ¿o el maestro fue el que demostró la verdadera humildad al poner fin a este «performance» de humildad?

Como repasamos a lo largo del capítulo, la humildad a veces está en voltear a ver tu entorno, voltear a verte, y reconocer, en esa tónica, las lecciones que otros pueden ofrecernos. Dar un paso atrás no es un símbolo de debilidad, sino de humildad, aprendizaje y crecimiento.

LIDERAZGO

13

APRENDIZ DE MUCHO, MAESTRO DE NADA.

Dicho popular

Bien dice Deepak Chopra que «el éxito viene cuando las personas actúan juntas; el fracaso tiende a ocurrir solo». Nada más cierto que esto. Ser capaz de inspirar y crear algo más grande que uno es tan intrínseco al éxito como lo es al liderazgo.

FOLLOW THE LEADER, LEADER, LEADER

Hay un video que me encanta enseñarles a mis alumnos cuando empezamos a abordar lo que implica ser un líder. Haz una pausa, escanea este código QR y velo.

¿Listo? Continuamos. El video lo protagoniza un cuate que pareciera estar loco, pues se observa cómo mientras todos están tranquilos en un festival de música, él se pone a bailar y a menear todo el cuerpo sin mucho ritmo pero con mucha energía. La gente a su alrededor le avienta algunas miradas desaprobatorias, pero a él no le importa, sigue feliz de la vida bailando. Le da igual si se ve ridículo.

En eso llega un segundo chavo y se pone a hacer tonterías y movimientos arbitrarios junto con él. Nuestro primer cuate se pone feliz de que alguien se le haya unido, y se ve a ambos metidísimos en su baile que poco o nada tiene de coordinado (y aparentemente menos les importa). La gente los sigue observando pero a ellos les da lo mismo, cada uno sigue haciendo lo que quiere.

De repente se para un tercer sujeto junto a ellos, y siendo tres ya no se ven tan ridículos, pues, como dicen en inglés, «three is a crowd», tres son multitud. Se empieza a avistar un movimiento.

Y así, mientras los tres extraños bailan sin cesar, se ve cómo llega una cuarta persona, una quinta, una sexta, una séptima… Y de repente ya no son dos locos bailando desinhibidamente, ya es todo un grupo de personas. A esto se le llama un *tipping point* o punto de inflexión, es decir, para este momento la acción del primer cuate ya llegó a tal clímax que le dio la vuelta a la situación, él ya no es el raro, ahora quienes se ven ridículos son quienes están sentados.

Las personas siguen llegando. Están eufóricas, felices. Hay quienes incluso vienen corriendo para llegar antes de que se acabe la canción, es impresionante. Cuando la cámara hace un paneo, puedes ver una enorme cantidad de gente que ya es parte del movimiento, y no puedes creer que todo empezó con una persona, que incluso en un principio llamamos «loco», que tuvo el valor de pararse en medio de todos a hacer lo que quiso, sin importarle nada.

De aquí podemos aprender tres lecciones superimportantes:

1) La primera, que **todos los líderes van a ser considerados locos por mucha gente.** No en el sentido de que algo afecte sus facultades mentales, sino en el sentido de que son personas que no tienen miedo a actuar ni a ser juzgadas por ello, aunque normalmente acaben siéndolo. Eso, en una sociedad como la nuestra que se rige por el «qué dirán si

lo hago» y no por el «qué más da si lo hago», refleja cierta y fascinante locura.

Fíjate cómo la valentía que tuvo el primer sujeto de pararse, sin importar si la gente lo aprobaba o no, hizo que otras personas se inspiraran y decidieran seguirlo, aun si inicialmente se trataba de una aparente broma. Cuando alguien actúa, en especial en contra de la corriente, es cuando es realmente disruptivo. Por alguna razón, un líder disruptivo siempre parece un loco, pero en la mayoría de las ocasiones, como ocurrió en el video, el tiempo prueba que «locura» es solo una manera de explicar el valor que tuvo alguien de atreverse a hacer algo que sabía que lo distinguiría de los demás.

Bien lo dijo Jack Kerouac en su libro *En el camino*:

> «Brindemos por los locos, por los inadaptados, por los rebeldes, por los alborotadores, por los que no encajen, por los que ven las cosas de una manera diferente. No les gustan las reglas y no respetan el *statu quo*. Los puedes citar, desafiar, glorificar o vilipendiar. Pero lo que no puedes hacer es ignorarlos. Porque cambian las cosas. Empujan hacia adelante a la raza humana. Mientras algunos los vean como locos, nosotros los vemos genios. Porque las personas que se creen tan locas como para pensar que pueden cambiar el mundo son las que lo hacen».

2) La segunda, que **un líder entiende que lo que hace no se trata de él, sino del movimiento y la gente que cree en él.** Cuando se le une el segundo cuate, el primero no le dijo lo que tenía que hacer ni lo obligó a replicar sus pasos. Él lo único que hizo fue aceptarlo e inmediatamente notó que esto tenía que ver con el baile, con el momento, no con lo que él quisiera o impusiera.

3) La tercera lección, y quizá la más importante, es que **quien realmente inicia el movimiento no es el primer loco que se para a bailar, es el primero que se le une, el primer seguidor.** Claro, el líder del movimiento fue el que inició con el baile, pero es imposible ser líder de nadie, el movimiento como tal no inicia hasta que alguien lo secunda. Esto es de considerarse porque todo mundo cree que ser seguidor es malo, o al menos no tan bueno como ser líder, pero cada uno tiene su importancia y para lograr un cambio se necesitan ambos roles. No todos pueden ser líderes todo el tiempo, porque, si fuera así, no habría seguidores y ¿a quién liderarían entonces? Sin embargo, en muchas ocasiones, hay que saber ser un líder para lograr que las cosas que nos propongamos se hagan, y de eso se trata precisamente este capítulo.

«Sé la ruta o el medio a un lugar o dirección en particular», dice una gran definición de liderazgo, y es que la labor de líder debe reducirse a eso, a ser ese facilitador para llevar o guiar a un grupo de personas hacia un destino en común, a ese propósito que de inicio fijaste en tu movimiento.

LA COMUNICACIÓN: HERRAMIENTA ESENCIAL DEL LIDERAZGO

Debes ser consciente de que al liderar, estás asumiendo muchísima responsabilidad. La gente que te sigue lo hace porque confía en tu visión y en tu dirección para llevarla a puerto sanos y salvos. Y esa dirección implica mucha estructura y estrategia, como ya hemos repasado en el capítulo de planeación, pero también un elemento imprescindible que es la comunicación.

Una vez escuché algo muy sabio: no es suficiente pedirle a tu equipo que haga su mejor esfuerzo, primero hay que explicarles qué es lo que tienen que hacer y, quizá, aún más importante, el por qué lo están haciendo (el propósito), luego ya puedes pedir ese mejor esfuerzo. Por ello, comunicar bien es una parte central de ser un buen líder.

Hay una parábola que puede servir para ilustrar este punto. Desde finales del siglo XIX se realizó un experimento filosófico haciendo la siguiente pregunta:

> SI UN ÁRBOL CAE EN EL BOSQUE Y NADIE SE ENTERA, ¿HACE ALGÚN SONIDO?

La respuesta siempre ha sido debatida y depende mucho de la definición de lo que es el sonido. Por un lado, hay quien dice que el sonido es una vibración que, a menos de que llegue al oído, no existe; por ende, no haría sonido el árbol. Por otro, está la definición de sonido como un ruido en sí mismo y, en este sentido, el árbol al caer hizo un sonido, aun cuando nadie lo escuchase.

Lo mismo podría decirse del liderazgo, si existe el líder y tiene un plan, pero no lo comunica bien, podríamos debatir si realmente hay liderazgo, y creo que al menos en este sentido es más clara la respuesta: no creo que lo haya.

Esto en un plano empresarial se vuelve aún más indispensable. Imagínate que te contrato para trabajar conmigo, pero nunca te platico cuál es la meta de la empresa, los objetivos que tengo, etc. A la hora de tomar decisiones, no sabrás si la que estás ponderando es la correcta o no porque no tienes ni idea si ayudará a alcanzar el propósito que nos fijamos, o por el contrario, lo está obstruyendo.

En el caso del video que analizamos, aunque fue un movimiento más esporádico, todos tenían claro que el objetivo era pasarla bien y desinhibirse, fue algo así como un consenso implícito que, por el contexto, fue superefectivo. Es esencial que la gente esté al tanto de lo que se persigue y por consiguiente lo comparta. La manera de compartirlo no siempre será tan intuitiva como la del baile masivo, así que, sin importar si se trata de una empresa, organización, asociación o cualquier movimiento que pretenda trabajar por un propósito bien definido, asegúrate de que quede claro.

Asimismo, tienes la responsabilidad de hacer que la gente que esté contigo, como equipo y como seguidor, se sienta constantemente inspirada y que, por lo tanto, haga su mejor esfuerzo para llegar al destino planteado. **No es lo mismo *saber* un propósito que creerlo y adoptarlo como propio.** Y algo muy importante: además de todas las responsabilidades con el movimiento y la gente que está en él, debes recordar que también eres responsable de ti, de mantenerte motivado, de conducirte con integridad, de calcular bien tus pasos y las repercusiones que cada uno puede tener.

Tómate un momento y permítete aterrizar todo esto: más allá del romanticismo que envuelve el cargo de líder, conlleva muchísima responsabilidad y trabajo. ¿Aceptas el desafío? Bien, sigamos entonces.

TIPOS DE LIDERAZGO

Frecuentemente escuchamos a gente decir que «un líder nace, no se hace», pero yo he de diferir con eso. Habrá quienes desde pequeños muestren rasgos que nos hagan asociarlos con lo que es un líder, pero, como hemos visto, todas las habilidades para ser exitoso, absolutamente todas, pueden apagarse o potenciarse. Si uno tiene cierto talento pero no lo trabaja, jamás va a sobresalir en ello. Por el contrario, si alguien no posee de manera evidente alguna habilidad pero está decidido a hacerla suya, puede trabajarla y adquirirla con el tiempo.

Ahora bien, hay muchos **estilos de liderazgo,** pero los que yo he identificado como más recurrentes son los que clasifico a continuación:

- **El dictador.** Es el que mueve masas bajo la premisa «yo soy el único que sabe, y por lo tanto se tiene que hacer lo que yo diga». A este tipo de líder no le importa lo que diga nadie más que él, jamás tomará en consideración lo que opinen quienes lo acompañan. Esta clase de líder te impone hacia dónde ir y te obliga a ir con él, lo cual es peligroso, pues cuando obligas a las personas a que se alineen con tu visión, por la fuerza, nunca lo harán realmente, solo con el corazón a medias. Cuando logras que la gente te admire o quiera hacer lo que tú haces por convicción, tu liderazgo será muchísimo más efectivo que si la obligas a hacerlo.

IMPORTANTE: este estilo de liderazgo no es recomendable; es más, ni siquiera es aceptable. La historia se ha encargado de enseñarnos que un liderazgo malintencionado y que se basa en la subyugación para conseguir un propósito solo es digno ejemplo de lo que, en definitiva, no se debe hacer. Más sobre esto en unos párrafos.

- **El guía.** Este tipo de líder es el que le pide a la gente, mas no le impone, que lo sigan. Él sabe hacia dónde quiere ir, por lo que se toma el tiempo de explicarte la dirección que tomará para que luego tú decidas si tiene sentido para ti todo lo que dice, y si quieres emprender tu viaje con él.

- **El democrático.** Para él, el consenso es el pilar de su ideología. Censa lo que quiere todo mundo y decide con base en ello. Te explica a dónde quiere ir pero no te pide que vayas con él, simplemente sigue su camino y si tú te sientes inspirado o compartes su destino, confía en que te sumarás a él.

- **El coach.** Este tipo de líder te intentará dar herramientas para que tú tomes una decisión, pero nunca te va a decir qué hacer ni cómo hacerlo. Si le llegas a pedir un consejo, te regresará algunas preguntas guía mas no la respuesta, o sea, te forzará a pensar. Su intención es que al final tú definas tu plan de acción, él nada más te ayudaría a liderar o guiar tu pensamiento.

- **El líder «por accidente».** Hay personas que sin pedirlo o buscarlo se vuelven líderes. Por ejemplo, si tú eres el más inteligente de tu salón o el que más participa, habrá mucha gente que a la hora de hacer un trabajo en equipo contigo se sentirá atraída y motivada por tu manera de pensar y te empezará a seguir aunque no quieras. Y de verdad, a veces no lo buscas pero te siguen; llegará un momento en el que tengas que enfrentar esa responsabilidad y decidir si quieres aceptarla. No importa si eres extrovertido o introvertido, si de alguna manera transmites e inspiras, habrá gente que te siga. La madre Teresa de Calcuta, por ejemplo, no tenía personalidad hiperextrovertida o de típica líder, pero su manera de ver la vida y su lucha por la gente más desfavorecida era tan potente que la gente la siguió. Quizá aquí también cae nuestro amigo del video.

Aunque estilos de liderazgo hay muchos, todos deben buscar enseñarle a tu gente, levantarla, impulsarla a ser mejor y llevarla al máximo de su capacidad. **Recuerda que siempre tienes que tomar la decisión que traiga el mayor beneficio para los tuyos y a la vez sea la más efectiva para lograr tu propósito, no solo lo segundo.**

Ahora, como líderes pensamos que todo debe ser siempre perfecto y nos olvidamos de que también podemos llegar a equivocarnos. Somos humanos y los errores son parte de nosotros. Cuando eso ocurre lo único que queda como líder es aceptar el error y asumir tu responsabilidad, que son dos cosas parecidas pero a la vez muy diferentes. Ya lo repasamos varias veces: el fracaso es parte del camino, lo importante es la lección que obtienes, así que actúa conforme a ello. En estos casos es bueno tomarse un momento para analizar lo sucedido, aceptar el error, disculparte con tus seguidores y trabajar para enderezar el rumbo.

UN MAL LIDERAZGO

¿Te suena el nombre de Nicolás Maduro? ¿Recuerdas a Donald Trump? Ambos son ejemplos clarísimos de lo que un mal liderazgo puede causar. Vamos por orden. Primero, Nicolás Maduro, presidente de Venezuela que lleva en el poder desde 2013 y que no tiene intención alguna de moverse de ahí. Su incapacidad de «imaginación negativa», como han llamado algunos académicos a la habilidad de prepararse para los peores escenarios posibles y actuar en consecuencia, ha llevado a su gente a vivir en condiciones paupérrimas. Maduro está obsesionado con el poder y no le importa que en su país la economía esté por los suelos y que haya carencias para cubrir las necesidades básicas de su gente.

Hace poco, la Organización de las Naciones Unidas (ONU) hizo un estudio en el país sudamericano y externó su preocupación por el deterioro de las condiciones de vida en el país, en específico por el hambre que pasa su población. Sin embargo, el gobierno de Maduro ha negado reiteradamente que exista una crisis humanitaria. El poder nubla su juicio y el de sus personas más allegadas, pero la realidad que cuentan los venezolanos de voz propia es aterradora por donde la veas. Nicolás Maduro tiene poder, sí, pero es la antítesis de un líder, pues nadie que presuma de ser tal tendría a todo un país pasando hambre sin interés aparente de que eso cambie.

Por su parte, el famosísimo expresidente de Estados Unidos Donald Trump se hizo de la presidencia a base de ego y sed de poder, nada más. No es ningún tonto, nadie logra una posición tan importante sin inteligencia, pero su error fue fundamentar su inteligencia en actitudes poco éticas. A él ya lo habíamos mencionado en el capítulo de humildad para explicar cómo se ve la ausencia total de la misma, pero es necesario volver a tocar su caso porque francamente no se me ocurre mejor forma de exponer todo lo que como líder debes evitar.

Recordemos que el 6 de enero de 2021 un hecho muy desafortunado tuvo lugar en Washington, D. C., en el Capitolio. Un grupo de simpatizantes de Trump tomó de manera violenta la sede del Congreso en donde se estaba oficializando la victoria de su contrincante, el candidato demócrata Joe Biden. Esto tuvo lugar luego de que el entonces mandatario publicara en redes sociales su molestia por una derrota que desde el principio él había calificado de «ilegítima» y que desembocó en la furia de todos sus seguidores.

Esto no requiere mayor explicación. Su manera poco responsable de expresarse, su historial de insultos y comentarios despectivos para hacerle frente a todo el que no comulgara con él y su incapacidad de perder dignamente, en conjunto, desembocó en uno de los mayores atentados a la democracia que el país que presume de ser uno de sus máximos exponentes que se haya visto jamás.

Muchos políticos alrededor del mundo terminan siendo pésimos líderes porque su egoísmo hace que en lugar de servir al pueblo (como deberían), busquen servirse de él (como suele ocurrir). Son personas a las que, con sus excepciones, no les importa a quién lastimen con tal de sentir que tienen poder. Para ellos el pueblo es un instrumento, lo que los hace dejar de ser líderes, y ser solo personas con un buen puesto.

Influir de forma negativa es una opción que existe para todo líder y que, desafortunadamente, algunos deciden tomar. Para mí, quien elija este camino no puede ser considerado exitoso, no importa cuánta gente lo conozca o lo siga.

Podemos identificar a un mal líder por dos elementos principalmente: el primero, porque será egoísta y buscará el liderazgo por la posición de poder que le confiere, mas no por el propósito e ideales que dice perseguir; y el segundo, por su incapacidad de empoderar a su gente y de hacerla sentir parte de algo.

Ahora bien, es importante que no confundamos a un líder con un jefe. Un jefe es solo alguien con un nivel jerárquico alto, con poder de toma de decisiones, pero no es instantáneamente un líder, y mucho menos un buen líder. Ese rol se va trabajando y ganando.

Imagínatelo así, si estás en un auto con más gente y de repente deja de funcionar por una falla mecánica o simplemente porque se le acabó el combustible, un buen líder se bajaría a empujar, lo que motivaría al resto a bajarse a empujar con él. Ya ahí abajo, él dirigiría y demás, pero estaría ahí, al pie del cañón para solucionar el problema junto con los suyos. Por el contrario, alguien que no sabe ser buen líder se quedaría en el vehículo, dando órdenes desde adentro. Jamás se bajaría a ver qué pasa, ni cómo van, se quedaría sentado cómodamente esperando que los demás resuelvan el problema. Esto, por supuesto, hace que este segundo personaje no inspire en lo absoluto, y para ser un líder ejemplar ¡tienes que inspirar! No hay de otra.

Cuando un líder deja de inspirar, su visión y causa pierden fuerza, y el vigor con el que la gente se acercó y creyó en él se puede esfumar.

SER BUEN LÍDER Y NO MORIR EN EL INTENTO

Así como ya vimos que muchas personas hacen o han hecho uso de su liderazgo con fines poco éticos, hay muchísimas otras que han usado el poder que la gente les ha concedido para promover un cambio positivo.

Tenemos a Mahatma Gandhi, Winston Churchill o a mi favorito, Nelson Mandela. Hay ciertas características que todos estos personajes comparten y que cualquiera que se considere buen líder debe tener: la apertura para escuchar a otros, la empatía, la humildad, por supuesto, y su flexibilidad y disposición a hacer equipo. También es importante que inspire confianza, que sea creativo, disruptivo, que tenga una actitud positiva para levantar a quien se sienta derrotado y que dé buena retroalimentación para que su gente pueda y quiera mejorar junto con él.

Un buen líder toma riesgos, sabe cuándo estar dentro y cuándo estar fuera de su zona de confort. Enseña, da mentorías, es íntegro, congruente y, algo crucial, sabe comunicar las cosas, o mejor aún, encuentra el momento perfecto para comunicarlas.

En un equipo de trabajo, por ejemplo, es superimportante que le otorgues responsabilidades a tu gente y le permitas crecer a su paso dándole espacio para tomar decisiones, siendo así más meritocrático.

Por último, ¿has oído que un capitán siempre se hunde con su barco? Pues ese es un buen líder: el último que salta del barco. Hace no mucho salió la noticia de un barco italiano que se quemó y el capitán fue el primero en salirse; claro, se lo superacabaron, porque ese es un mal liderazgo. Su obligación era quedarse ahí, ver por sus pasajeros, su tripulación y su embarcación. Cuando las cosas salen mal, tienes que asumir las consecuencias y tratar de arreglarlas hasta el final.

En el momento en que lideras a la gente hacia un objetivo, ya no eres solo responsable de ti, eres responsable de un grupo, por lo que tienes que estar a la altura del reto o simplemente tener la humildad de delegarlo a alguien que creas que puede timonear mejor que tú.

En este punto quizá te estés preguntando, bueno, ¿y cómo puedo saber si estoy siendo buen líder o debo resignarme a ser el segundo al mando? El liderazgo como tal no se puede medir. Lo que sí se puede es dar cuenta de un liderazgo efectivo, que ha logrado los objetivos planteados con creces, versus uno que no da una o que está impactando negativamente al negocio, a la causa o a la gente.

Liderar es cansado, llega a ser incluso agotador. Como buen líder tienes que guiar a los demás, definir la visión y aparte hacer tu chamba... Claro que tienes que trabajar más duro que nadie. Pero, tranquilo, todo se puede ir reforzando e intuyendo. No todos los días tienes que ser esa figura llena de energía y sabiduría, pero eso sí, cuando sea momento de activarla, es superimportante que sepas cómo prender esa habilidad, trabajar duro y seguir acercando, a ti y a tu equipo, a ese éxito que buscan lograr.

> «ALGUNAS PERSONAS QUIEREN QUE ALGO OCURRA, OTRAS SUEÑAN CON QUE PASE, OTRAS HACEN QUE SUCEDA».
> Michael Jordan

APRENDIZAJE
para llevar

A lo largo de tu camino será muy importante el liderazgo que ejerzas para hacer realidad tu propósito e inspirar a otros a recorrer este camino contigo. Recuerda que todas las habilidades que hacen a un buen líder se pueden desarrollar, lo importante es atreverse a ser ese primer cuate bailando. Nunca sabrás cuánta gente necesitaba verte para animarse a bailar, hasta que lo hagas.

QUÉ SÍ Y QUÉ NO

LO QUE SÍ	LO QUE NO
• Sé valiente. • Atrévete a implementar tu visión. • Comunica constantemente tu visión al equipo que está contigo. • Levántate cada vez que te caigas y aprende de cada una de tus caídas. • Mantente humilde sin importar cuántas personas te sigan. • Guía a tu gente. • Sé responsable no solo por ti sino por todo el grupo.	• Guiarte por el qué dirán. No modifiques quién eres o cómo actúas por esta fantasía. • Ser ambiguo a la hora de comunicar tu visión. ¡Quienes te siguen deben tener claro hacia dónde van! • Imponer a otros tu visión por la fuerza. • Buscar ser un líder solo para ostentar cierto poder. • Dar por hecho tu liderazgo. Hoy podrán seguirte muchas personas, pero si dejas de inspirarlas, se irán.

EJERCICIO

ESCUDO DE ARMAS

A continuación te voy a dejar un ejercicio que te ayudará a visualizar tu filosofía de liderazgo e identificar tus principales valores como líder. Esta actividad es conocida como escudo de armas en honor a lo que el escudo significaba en la Edad Media.

En ese tiempo, el escudo tenía un enorme significado para una persona, familia o nación, pues simbolizaba los elementos más distintivos de dicho individuo o grupo: sus valores, creencias, conducta, etc. Como el escudo, cada líder posee características que lo hacen único y envuelven su esencia, de ahí que este ejercicio retome dicho emblema medieval.

Enlista a cinco líderes que admires mucho, y junto a cada nombre anota de tres a cinco características que valores de cada uno: ¿Qué te hace admirarlos? ¿Por qué te inspiran? ¿Qué consideras que los llevó a mover masas y cambiar el mundo?

Líderes
1.
2.
3.
4.
5.

Analiza lo que acabas de escribir y piensa cuáles de esos elementos te gustaría tener como líder.

Ahora dibuja un escudo como el que te voy a poner aquí. Por supuesto, agrégale tu toque personal y despreocúpate de cómo queda, que tu enfoque esté en hacer el ejercicio, no en el diseño del escudo.

Selecciona las seis características más importantes de los líderes en tu lista y que quisieras que te representaran a ti como líder, y colócalas en las casillas.

Finalmente, escribe hasta abajo tu nombre. Esto sellará la reflexión y el compromiso que, con la creación de este escudo, hoy te haces para adoptar estas características en tu papel como líder.

SABER VENDER

14

DESCANSA EL CORAZÓN, CONTANDO SU PASIÓN.

Dicho popular

Siempre estamos vendiendo algo. Por eso, mi estimado lector, es tan importante sumergirnos en las aguas de nuestra antepenúltima habilidad: las ventas. Distinto a lo que creerías, vender no es una táctica que se usa exclusivamente para cerrar una transacción de negocios, sino algo que está presente en todos los ámbitos de nuestro día a día.

Crear y mantener activo un negocio, atraer más clientes, persuadir a nuestros jefes de ejecutar nuestras ideas, conseguir una promoción, conquistar al chavo o chava que nos gusta o incluso ganar una discusión en la sobremesa familiar, todo, implica una constante venta.

VENTAS 101

A través de los años he aprendido que la manera en la que construyes tu discurso para vender algo pesa muchísimo, a veces incluso más que lo que vendes en sí. Si tienes una idea no tan buena, pero que sabes empaquetar bien a oídos de tu audiencia, es más probable que tengas éxito que con la mejor de las ideas, pero sin la habilidad de venderla acertadamente. ¿Por qué? Porque el éxito no depende solo de la idea sino de la habilidad que tengas para expresarla, hacer que la entiendan y convencer a los demás de que vale la pena llevarla a cabo.

Te dejo por aquí mi kit de consejos esenciales para hacer que tu idea llegue a buen puerto y, así, poder concretar la venta:

1) **Entiende lo que vendes.**
Primero lo primero. Para comunicar hay que entender de lleno qué estamos vendiendo. Hay una frase de Einstein que dice: «Si no puedes explicarlo de manera simple, no lo entiendes suficientemente bien», y no hay manera más clara de decirlo. **Comprender plenamente los beneficios o las ventajas de un producto, servicio, o de ti mismo, y tener la habilidad de comunicarlos, es básico para ser exitoso.**

A mí me pasó con Startup México. Yo siempre quise tener un lugar en donde pudiéramos ayudar a los emprendedores. Desde el principio, la idea era hacer algo que fuera inclusivo, grande, y con la suficiente envergadura para generar un cambio en México. El problema era que no tenía muy claro qué debía hacer para lograr ese propósito, así que las primeras dos o tres veces que tuve que explicarlo, de verdad no pude. Me tardaba muchísimo y terminaba diciendo cosas sin pies ni cabeza. No fue sino hasta que me senté y definí un plan en torno a lo que quería y cómo lo quería que tuve completa claridad del proyecto. De ese momento en adelante, cuando lo presentaba era otra cosa totalmente. Persona que lo escuchaba, persona que acababa encantada, y fue así como logré moverlo para después ejecutarlo.

Para un emprendedor, por ejemplo, hacer un *pitch* (presentar su proyecto ante una audiencia) es el pan de cada día. Sin duda encontrarás muchísimas recomendaciones para pichar tu proyecto: empezar por el problema, diferenciar tu solución, entender el entorno competitivo y definir tus barreras de entrada y a tu mercado, entre otras. Todos estos consejos son válidos y totalmente necesarios, pero lo primero, lo más importante, es simplificar tu mensaje lo suficiente para que no quede duda de qué es lo que estás presentando; lo demás viene después.

A nivel personal también es crucial que te entiendan, e incluso ir más allá: dejar en claro el porqué de tu propuesta y el beneficio que conlleva. Imagina que eres un adolescente, quieres una bicicleta y tienes que recurrir a tus papás para que te la compren. Para convencerlos, debes ser estratégico y no llegar únicamente con el capricho de comprarla, sino explicar la razón por la cual esa bicicleta es importante para ti: que con ella te volverías más independiente, o te forzará a hacer más ejercicio, o que podrás, de ahora en adelante, ayudar con los mandados de la casa, por ejemplo. Cualquiera que sea la razón, el punto aquí es que, si la entienden, será mucho más sencillo hacer que se suban al barco y quieran apoyarte a lograr tu cometido.

2) **Sé conciso y simplifica el mensaje.**
Otra cosa que sin duda hace toda la diferencia es saber sintetizar tu mensaje. Alargarte innecesariamente solo tiende a confundir más a tu audiencia que cuando sabes decir las cosas de forma directa. Además, ir al grano hace que inspires mayor confianza y que el mensaje se perciba muchísimo más honesto. Y si aún no te convences de las ventajas de ser conciso, ahí te va la cruda verdad: la gente no tiene tiempo ilimitado para escucharnos, así que mientras más alargues lo que tienes que decir más probabilidades hay de que no te alcance el tiempo para decirlo o, peor aún, que aburras a la persona a quien se lo dices deteriorando así tus posibilidades de lograr lo que querías en un principio.

Thomas Jefferson dijo que «no hay talento más valioso que el de no usar dos palabras cuando una es suficiente»,

y no pudo haberlo puesto mejor. Llegar ahí no es tan fácil como suena, en ocasiones habrá que trabajar arduamente en ello, pero verás cómo vale la pena y cómo se vuelven más eficientes tus habilidades de comunicación.

Ahora bien, no solo se trata de sintetizar el mensaje, sino de saber simplificarlo. Muchos ingenieros, por ejemplo, cuando presentan una tecnología que desarrollaron, hablan de sus características técnicas, las actualizaciones en el código, pero no necesariamente de las bondades de su invento. Es decir, no logran simplificar su mensaje, y aunque esto nos demuestra que su conocimiento sobre el tema es amplio, su habilidad para transmitirlo deja mucho que desear. Y cuando tu audiencia no logra entender lo que le estás comunicando porque se pierde entre los tecnicismos, ahí la venta ya se cayó.

3) **Conoce a tu audiencia.**
No solo se trata de ser conciso y directo, sino también de conocer a la perfección a quien tienes enfrente. Siempre que me invitan a dar una conferencia lo primero que pregunto es el perfil de los asistentes: ocupación, edad, grado o carrera (en caso de ser estudiantes). En función de eso construyo mi discurso, pues así sé lo que a mi audiencia le va a interesar, y me es más fácil idear una manera en que le sea atractivo escucharlo. Me ha tocado dar la misma conferencia varias veces, y ha habido lugares en los que de verdad salgo con aplausos y otros en los que no saco ni uno solo. **Todo depende del tipo de público, del contexto y, por supuesto, del tiempo que dediques a conocer a tu audiencia, pues de tu habilidad para adaptarte a esta dependerá tu éxito o fracaso.**

Esto no solo aplica en conferencias. Un emprendedor, por ejemplo, tiene que saber a la perfección a quién le está presentando y qué es lo que quiere conseguir de ello. ¿Le estás presentando a inversionistas para que inviertan en tu negocio? ¿A clientes para que compren tu producto o servicio? ¿Simplemente estás intentando inspirar a otros emprendedores con tu historia de éxito? Los tres son objetivos muy válidos, pero involucran estrategias muy diferentes, por lo que, aun si la historia es la misma, tendrías que adaptar tu tono y narrativa a cada una de esas audiencias.

Para ello puedes valerte de diversos recursos como cambiar el lenguaje, platicarlo desde otro enfoque o jugar con la entonación. Para que tengas más claro el factor lenguaje, imagina que tienes que exponer el tema «Retos de una economía pospandemia» pero tu público es un grupo de alumnos de secundaria. Es seguro que si utilizas un lenguaje altamente técnico y te apoyas únicamente de datos macroeconómicos se perderían a la primera, pero si preparas algo dinámico, con ejemplos simples con los que ellos puedan sentirse identificados, te entenderán mucho mejor. Tu enfoque dictará qué tan efectiva será tu plática y, sobre todo, qué tan fuerte será tu impacto. Recuerda: la conexión con la audiencia se genera adaptando el discurso a ella.

4) **Transmite emoción.**

Pocas cosas son tan poderosas como las emociones. Lograr que tus palabras conmuevan a quien las recibe genera un vínculo de empatía, fundamental para las ventas. **Cuando existe una conexión emocional no solo se impregna mejor tu mensaje en la mente de quien te escucha, sino también promueves que se identifique más con tu proyecto o tu propósito.** La gran poetisa, escritora y activista de los derechos humanos, Maya Angelou, otra persona admirable por su contribución al mundo, tiene una frase que embona perfectamente con esto: «He aprendido que la gente olvidará lo que dijiste, olvidará lo que hiciste, pero nunca olvidará cómo los hiciste sentir».

Para transmitir una emoción hay que coordinar un cúmulo de elementos, como si fuera una orquesta. Tienes que pensar en tu tono de voz, en la cadencia de tus frases y en tu lenguaje no verbal (desde el movimiento corporal hasta gestos faciales). Por ejemplo, es muy diferente que te diga algo sin moverme en lo absoluto, como un robot, con un tono totalmente plano y un volumen bajo, a que te lo diga mientras muevo mis manos, fluctuando la intensidad de las frases y enfatizando ciertas palabras. Sin duda el segundo caso será mucho más efectivo.

5) **Recurre al *storytelling*.**
Un gran tip para cumplir con el cometido que te acabo de explicar es recurrir a las historias, al ya conocido *storytelling*. Contar historias es algo que hacemos todo el tiempo, sin embargo, para lograr que conecten con nuestra audiencia es necesario tener una estructura mental con un mensaje específico a transmitir, claridad respecto a la manera en la que quieres transmitirlo y el efecto que deseas lograr con ello. Para esto, puedes valerte de elementos narrativos clásicos como el uso de personajes, la creación de un ambiente y el planteamiento de un conflicto, todo hilado por una anécdota estructurada por un inicio, un desarrollo, un clímax y un desenlace.

Al contar buenas historias, garantizas la creación de un material único. Por más que se trate de un tema desgastado o de conocimiento general, el contenido abordará una perspectiva singular: la tuya. Además, eso hará que lo que digas sea mucho más memorable, identificable y, por ende, entendible. Robert McKee, uno de los grandes maestros del *storytelling*, afirma que es la manera más poderosa de expresar ideas en el mundo actual. Y es que **no hay nada que genere una conexión más fuerte entre las personas que el contar historias.**

Hay muchas técnicas para mejorar tu capacidad de contar historias, pero yo te sugiero que te enfoques en estos tres elementos:

a. **Suspenso:** La premisa de tu historia debe ser interesante y provocar que tu audiencia quiera saber a dónde llegará la narrativa, es decir, debe engancharla de inmediato.

b. **Empatía:** Tu audiencia debe ser capaz de empatizar con los personajes y situaciones que presentas.
c. **Recompensa**: Esta parte es clave porque es la que permite que la historia se quede grabada en la memoria de tu audiencia. Por lo general será en el desenlace donde se produzca la reacción emocional que buscas, o sea, tu recompensa. En el caso de un emprendimiento, por ejemplo, la recompensa es la solución al problema o necesidad que planteaste.

Piensa en un chiste. A final de cuentas, es justamente una historia que transmitimos con un objetivo claro: hacer reír a los demás. La recompensa ya es clara, lo que sigue es definir cuál será la mejor manera de contarlo. Si lo cuentas desganado tendrás mucho menos éxito que si te tomas el tiempo de describir el ambiente, utilizar voces, actuarlo, generar suspenso y demás cosas que atraparán la atención de la audiencia y los sumergirán en tu crónica.

Hay dos factores muy importantes que también influyen bastante en un exitoso *storytelling*: **el orden y el momento.** De nuevo sitúate en este chiste que estás contando. Es claro que no puedes empezar por el final y acabar con el principio, eso sacrificaría absolutamente el objetivo de contarlo. Lo mismo pasa con las historias, estas deben tener un principio, un desarrollo y una conclusión, pues hay un orden dentro de la historia y, a diferencia de la aritmética, el orden de los factores sí altera el producto.

Pero considera que también el momento es importante y que debes entender el contexto en el que se encuentra tu audiencia. Sería desafortunado, por poner un ejemplo, elegir un velorio para contar un chiste, pues el momento no llevaría a tu audiencia a donde la quieres llevar. Todo tiene su cómo y su cuándo.

Quizá la parte más importante de utilizar el *storytelling* es que puedes llevar a una audiencia no solo a un destino específico (el objetivo de tu historia) e influir en lo que tú quieras que recuerde de ella, sino que además tienes en tus manos la oportunidad de evocar en ella esa famosa reacción emocional de la que hemos estado hablando. Como bien dijo Robert McAfee: «Contar historias es la forma más poderosa de cimentar ideas en el mundo actual».

Desarrollar todas las habilidades de venta que repasamos implica mucho trabajo y una enorme labor introspectiva, pero en definitiva vale la pena. Tienes que estar dispuesto a investigar y dedicarte a aprender cosas nuevas, recursos hay miles. Haz una búsqueda veloz en Google y en YouTube para encontrar recursos gratuitos, inscríbete a cursos *online* tipo crehana.com, domestika.org o masterclass.com para encontrar material más especializado y directo de las voces de los expertos. Date el tiempo de ensayar y repasar tu *pitch* de ventas en voz alta, conoce bien en dónde estás parado y desde dónde tienes que partir. Atrévete a innovar en técnicas y *storytellings*, extrae tus aprendizajes de cada conversación, cada presentación, y ve midiendo lo que funciona y lo que no para ir mejorando. Este es un proceso de prueba y error.

De entrada, te recomiendo ver una excelente plática de Simon Sinek en la que explica cómo puedes transmitir mucho mejor tus mensajes y generar mucho mayor interés enfocándote en por qué haces lo que haces. Te dejo por aquí el QR para que la puedas escuchar.

DUDA FRECUENTE: ¿Venderse a uno mismo es igual que vender un negocio?

Sí, este kit de consejos que acabamos de repasar es igual de útil para vender un producto, un servicio, un negocio, o bien, para venderte a ti mismo. A fin de cuentas debes

> tener claro qué vas a vender, quién es tu interlocutor, cuál es la historia que quieres contar, cómo la quieres contar, qué emoción quieres evocar y hacer todo siempre siendo franco con lo que vendes y apasionado por lo que ofreces.

LA IMPORTANCIA DEL PRIMER MINUTO

Tocar puertas no es un problema. **Que ese sea tu nuevo mantra: siempre hay manera de llegar a quien sea que quieras llegar —y más en el mundo de las redes sociales—.** Hay gente que luego me ve en la calle y ahí mismo me pregunta si me puede hacer el *pitch* de una idea y ¡yo también me he acercado con muchos inversionistas a hacer lo mismo! El problema no es el acceso; el problema empieza cuando te abren la puerta y no aprovechas la oportunidad.

Una vez que te acercas y te dan una entrada, el primer minuto se vuelve crucial: es tu oportunidad de sintetizar lo que dirás, ponerlo en contexto y generar interés inicial. En mi caso y en el de muchos de mis colegas inversionistas, si un emprendedor se me acerca y me platica su proyecto o negocio y no atrapa mi interés en el primer minuto de su plática, va a ser muy difícil que lo consiga en los siguientes cinco. **Los primeros segundos enmarcan una oportunidad de oro para sembrar la suficiente curiosidad e interés para que quien te esté escuchando, quiera escucharte más tiempo.**

Esto no solo ocurre en los negocios, también pasa en la vida real. Es como cuando te acercas a alguien que te gusta por primera vez, sabes que esos primeros segundos serán determinantes para que dicha persona defina si quiere seguir conociéndote o no. No importa si estás en una cita, una entrevista de trabajo, una mesa con 10 inversionistas o un escenario frente a 2 mil personas, hay que exprimir esos escasos y valiosos primeros segundos al máximo. **La primera impresión sí importa, y mucho.**

Hay una técnica relacionada justo con estos segundos determinantes que se llama *elevator pitch* o «discurso de elevador». Su nombre surge de una situación hipotética en la que te encuentras a la persona ideal para que apoye tu proyecto en un elevador, pero solo tienes el tiempo en que se encuentran subiendo o bajando a su destino para describir tu idea e interesar al respectivo personaje en tan corto tiempo.

Haz el ejercicio. Imagina que en el elevador te encuentras a tu inversionista ideal y te pregunta ¿a qué te dedicas? o ¿qué es lo que hace tu empresa? Debes estar listo para una situación como esta, nunca sabes con quién te puedes topar y, en caso de un escenario así, tienes el tiempo contado y solo una oportunidad para impresionar, así que es mejor estar preparado de antemano. Al trabajar en tu respuesta, te recomiendo tener en cuenta que **cuando alguien te pregunta «¿a qué te dedicas?», en realidad su objetivo es descubrir «¿de qué me puede servir a mí lo que haces tú?».** Tu respuesta debe ser vendedora y lo suficientemente atractiva como para atrapar su interés, como lo abordaremos con más detalle en el ejercicio que se encuentra al final de esta sección. Por ahora, recuerda que así como a esa persona le puede servir de algún modo lo que haces, puede ser que tú en algún momento necesites algo de quien tienes enfrente, y si te supiste vender bien, es mucho más probable que te recuerde y pueda darse esa relación.

PERSONALIDAD DEL BUEN VENDEDOR

Para vender algo no es necesario tener una personalidad específica, pero sí debes saber reconocer tus limitaciones. Bill Gates, por ejemplo, es superintrovertido, y sobra decir lo exitoso que es; su éxito se debe en gran parte a que supo admitir sus fortalezas y debilidades. Para suplir su introversión, puso como presidente de Microsoft a Steve Ballmer, quien se convirtió en el vendedor máximo de la compañía hasta 2014. No sé si alguna vez has oído de él, pero si no, busca algún discurso que dio como cabeza de Microsoft y verás la habilidad que tiene para explicar y vender algo. Ballmer era el opuesto a Gates en ese sentido, era extrovertido y por lo mismo era un extraordinario vendedor.

Otro ejemplo es Mark Zuckerberg, quien también era bastante introvertido, pero tenía una idea en la que creía, y a partir de ella se rodeó de gente que le fue dando cosas que él no tenía, como la habilidad de vender.

Ojo, no digo que ser tímido sea un defecto, sino que en el tema de ventas es mucho más sencillo desenvolverse para alguien extrovertido. Si no lo eres no te preocupes, que como hemos repetido, en este libro tenemos la convicción de que **todo se puede trabajar, desarrollar y mejorar.**

Por otro lado, como todo, la confianza y la extroversión también tienen su riesgo cuando se van a los extremos. Parte de la habilidad de vender es confiar en ti mismo, pero también tener cuidado de no transmitir confianza en exceso, pues esta puede ser peligrosamente abrumadora. Cuando ves que una persona es increíblemente buena en ventas pero tiene una sobredosis de confianza, muchas veces levantas tus defensas intentando evitar ser una víctima de su labor de vendedor, una reacción natural para protegernos de los supervendedores. Si eres así, te recomiendo utilizar esa energía y entusiasmo de manera controlada, de modo que puedas transmitir emoción y pasión sin que eso repela a quien tienes enfrente.

Lo mejor que puedes hacer es ser tú mismo, eso es un hecho. Pero también debes tener mucha inteligencia emocional para saber qué atributos hay que prender (y con qué intensidad), y qué habilidades hay que apagar para ajustarte a la situación y hacer que la experiencia para todos los implicados sea lo más enriquecedora posible.

ERRORES DE PRINCIPIANTE

a. **Creer que todo es importante.** Es común ver que las personas quieran decir absolutamente todo lo que envuelve su proyecto a la hora de venderlo. La realidad es que, aunque suene contraproducente, decir menos funciona mejor. Siempre hay que seleccionar lo realmente importante y lo que más quieres que recuerden; no necesitas entrar a profundidad en todos los temas, hay que dejar información para una siguiente reunión. En la primera oportunidad lo único que tienes que hacer es generar interés, asegurarte que te den una siguiente cita, y, si lo logras, ya vas de gane.

Ojo: muchas veces la gente intenta, además de transmitir su mensaje, posicionarse como expertos en el tema, por ejemplo, un ingeniero que quiere demostrar su conocimiento en la parte técnica de su proyecto, pero olvida que quienes lo escuchan quizá no tienen las tablas para entender tanto detalle. ¿El resultado? La comunicación se desperdicia y hasta llega a confundir a la audiencia. Recuerda que entre más ligera sea la carga de tu globo, más alto va a volar.

«Hazlo simple pero significativo», decía Don Draper (Jon Hamm), el personaje principal de la serie *Mad Men*.

b. **No entender ni qué ni a quién.** Reitero la importancia de conocer a fondo tu proyecto o tu idea, tener muy claro a dónde quieres llegar y qué es lo que quieres decir, eso facilitará la selección de tu discurso. Debes saber explicar lo que tienes en mente con claridad y aprovechar al máximo el tiempo que tengas para vender(te), definiendo con antelación qué es lo que quieres que recuerde tu audiencia. De igual manera, saber a quién se lo estás diciendo te será increíblemente útil, especialmente si puedes relacionar los beneficios de tu producto o servicio con algo que les sea más personal y aplique específicamente a ellos.

c. **Seguir corriendo cuando ya cruzaste la línea.** Cuando estamos vendiendo solemos caer en una situación que yo llamo «sobreventa», que refiere a cuando ya cumplido nuestro objetivo, seguimos dándole vueltas y echamos a perder algo que ya se había logrado. Así como es importante saber vender, también es importante saber cuándo dejar de hacerlo. Todos los excesos son malos, si ya te dijeron que sí, tómalo y dirígete al siguiente paso, no te arriesgues a perder lo que has logrado diciendo más.

d. **Mentir por convivir.** Decir mentiras o inventar algo sobre lo que estás vendiendo es lo peor que puedes hacer. Yo prefiero, por mucho, que si te pregunto algo que no sabes, admitas tu desconocimiento en vez de inventar una respuesta. Cuando te cachan diciendo una mentira o dando datos falsos automáticamente se pierde la confianza y todo lo que hayas dicho antes corre el riesgo de volverse irrelevante.

Ten paciencia, las ventas no siempre son inmediatas, a veces es suficiente con plantar una semilla y luego de que germine, cosecharla. De hecho, insisto, el punto de una primera cita es conseguir una segunda. Rara vez cerrarás un trato o saldrás con una amistad a la primera, e insistir de manera exagerada en vez de ayudarte a cerrar algo, te puede perjudicar y muchas veces es justo lo que te hace perderlo, así que mejor mantén la calma y tómate tu tiempo. Y, como en todo, si fallaste, aprende a ser autocrítico, sacar el aprendizaje de tus fracasos y prepararte para hacerlo mejor cuando lo intentes de nuevo.

APRENDIZAJE
para llevar

Te garantizo que llegará el momento a lo largo de tu camino en que tendrás que vender una idea o a veces venderte a ti mismo. Que no te ganen los nervios, recuerda que si conoces lo que vendes, eres concreto, sabes a quién le hablas y lo haces con pasión (entre muchas otras cosas que vimos por acá), podrás hacer de tu idea una realidad.

QUÉ SÍ Y QUÉ NO

LO QUE SÍ	LO QUE NO
• Conoce a profundidad aquello que vas a vender; ¡eso incluye conocerte a ti!	• Utilizar el mismo discurso sin importar a quién se lo digas.
• Adáptate a tu audiencia.	• Divagar a la hora de vender tu proyecto. ¡Vale más sintetizar!
• Apela a los intereses de tu público.	• Mentir para hacer más atractiva tu idea.
• Trabaja en tus habilidades de *storytelling*.	• Seguir vendiendo, una vez concretada la venta.
• Ten listo tu *elevator pitch*.	
• Prepárate para responder preguntas.	
• Recuerda: siempre estás vendiendo.	

EJERCICIO

Ahora que ya entendiste lo que es un *elevator pitch*, en esta sección te explicaré a detalle cómo prepararlo. Por lo general te recomendaría trabajar en el *elevator pitch* al final de tu proceso, cuando ya tienes la foto completa de aquello que quieres vender, con todos sus componentes bien descritos y organizados, pero si aún no tienes todo listo desde un inicio, puedes empezar con un bosquejo e irlo cambiando conforme vayas aterrizando los demás elementos.

Hay una metodología que a mí me ha funcionado muy bien para crear mis discursos de elevador y para enseñar a otros a hacerlo, la **metodología SIR**. En esencia, se trata de dividir el discurso en tres partes: la **situación** (en donde describes el problema), el **impacto** (en donde describes los efectos del problema), y la **resolución** (en donde resuelves el problema). La intención es generar primero drama (situación), luego suspenso (impacto) y posteriormente satisfacción (con la resolución). Si logras que la gente se asuste inicialmente y luego se relaje porque resolviste el problema, entonces puedes decir que diste un buen *elevator pitch*.

Míralo en este ejemplo:

> **Situación:** La escasez de agua en México genera insuficiencias en el riego de jardines y del campo.
> **Impacto:** Los jardines están perdiendo su belleza y se perderán millones de dólares en cosechas.
> **Resolución:** El complemento para tierra NanoAqua requiere 75% menos agua en el riego, sin comprometer belleza, crecimiento ni calidad alimenticia de las áreas verdes.

Esto, por supuesto, no lo dices así (situación, impacto, resolución), sino de corrido, hilando las ideas a modo coloquial, no como secciones. Esta estructura es apenas el esqueleto crudo del mensaje, pero te permite construir un *pitch* con el que en muy poco tiempo y con muy pocas palabras describes a cabalidad tu proyecto para captar el interés del inversionista o cliente.

Veamos un segundo ejemplo:

S. Cuando un empleado se va, se lleva su información y experiencia en el negocio o, como es conocido, su «memoria corporativa».
I. Más de 50 empresas quiebran cada año al perder información crítica que se va con sus competidores.
R. En Administración de Conocimiento le podemos evitar estas pérdidas instalando una solución personalizada en menos de 30 días.

De nuevo, podemos ver que en poco tiempo no solo generaste interés, sino que planteaste perfectamente un problema y explicaste por qué tu empresa es ideal para resolverlo...

Ahora crea tu propia estructura:

S. _____
_____
_____
_____
_____

I. _____
_____
_____
_____
_____

R. _____
_____
_____
_____
_____

Para finalizar, te dejo estos tres tips para hacer una buena transmisión de tu *elevator pitch* e incrementar tus posibilidades de éxito:

1. **Asegúrate de acaparar la atención de tu audiencia para que realmente escuchen lo que dices.** Enfatiza algunas ideas, no mantengas un mismo tono de voz y transmite pasión por lo que dices.
2. **Cuida que tu mensaje se entienda bien.** Que sea claro, sin tecnicismos, tenga buena velocidad, y toque los puntos que consideres más importantes. Recuerda que sintetizar algo no se trata solo de quitar palabras ni de hablar más rápido, sino de enfocarnos en transmitir nuestro mensaje de la manera más óptima posible.
3. **Haz que sea memorable.** Procura que tu mensaje sea corto, referenciado, tangible y que les genere drama, suspenso y satisfacción. Cuéntalo como una historia para que transmita mayor emoción y lo recuerden (y te recuerden) mejor.

¡Buena suerte!

RETRIBUIR

15

EL QUE SACA Y NO METE BUSCA Y NO ENCUENTRA.

Dicho popular

Te confieso que soy un ferviente creyente de la teoría del karma. Creo que los seres vivos emanamos una energía que en su conjunto nos envuelve a todos y con la que convivimos e interactuamos todos los días. No es algo religioso ni mucho menos, es un tema de cómo cada ente imprime esa energía y recibe de ella lo que de alguna forma determina las consecuencias de lo que sucede.

Si tú le aportas buena vibra a esa energía, pues esa misma vibra se te va a regresar. De igual manera, si tu contribución es negatividad, egoísmo o malas vibras se te va a cobrar de regreso.

Y bueno, ¿por qué te hablo del karma? Porque en mi opinión, en nuestro camino al éxito hay que saber dar las gracias y también saber dar de regreso. Si bien el éxito se trata de detenerse a valorar todo lo que tenemos y hemos vivido para así disfrutar lo bueno que nos ha ocurrido, apreciar los retos, los logros y los aprendizajes, pensar en grande también implica saber pensar en los demás, en retribuir a la sociedad con acciones y energía positiva de la que estamos gozando. **Parte indiscutible de triunfar también es ser recíproco en el camino; quien no da de regreso no puede ser tan exitoso como quien sí lo hace.**

El chiste de ser exitoso no es el beneficio material que te trae, sino todo lo no cuantificable que nos permite sentirnos satisfechos con nosotros mismos, compartir nuestro éxito o ver que lo que hacemos tiene un impacto real en otras vidas. **De nada sirve tener éxito si no utilizas la cima como plataforma para llegar a más gente e influir positivamente.** No es cuestión de tener una enorme fortuna, sino de realizarte; de sentirte dichoso con algo, de levantar la cara sin pena y poder dormir tranquilo.

RETRIBUIR Y CONTRIBUIR, ¿CÓMO HAGO ESO?

Las formas de retribuir son variadas, y dependen en gran medida de a quién le quieres dar de regreso y qué tienes tú que ofrecer para hacer eso posible. Como en todo, tienes que encontrar algo que te guste, en lo que eres bueno y, muy importante, que esté dentro de tus posibilidades.

Si no eres una persona con mucho dinero, bueno, tu manera de dar de regreso no será donando dinero; si no eres una persona paciente tampoco lo harás cuidando niños o ancianos, pero puedes dar de otras formas. Lo importante es que tengas claro que **todo el mundo tiene algo que aportar.** Puedes hacerlo dando cosas que para mí son hasta más valiosas que el dinero como lo son tu tiempo, tus contactos, tu conocimiento o brindar tu compañía, siempre dependerá de tus circunstancias, del contexto y de a quién le aportes en ese momento.

Cada quien tiene su manera de retribuir, elegir cuál es la mejor y quién quieres que sea beneficiado por esto parte de un ejercicio de introspección y, por supuesto, de la intuición. Se trata de un proceso de prueba y error, donde experimentarás hasta encontrar eso que verdaderamente te llene y a lo que quieras aportar. Tienes que entender que no puedes darle todo a todos. Es una decisión difícil, pero es imprescindible delimitar para que no te vuelvas loco.

En mi caso, en especial desde que me volví una persona más pública, me llegan cientos de mensajes solicitando donativos así sea para construir una casa, becar a un estudiante, apoyar a alguien que esté enfermo y muchas otras causas más (bueno, hasta me han llegado mensajes donde me solicitan cubrir apuestas que alguien perdió). Mi respuesta no siempre es negativa, hay algunas personas en situaciones a las que en verdad no puedes negarles un apoyo; sin embargo, mi forma de apoyar, de dar de regreso, es principalmente a través de mi trabajo con emprendedores, mis pláticas, conferencias y mis participaciones académicas. Me da mucha satisfacción compartir mi conocimiento, ayudar a las personas a cumplir sus sueños de crear y crecer empresas; doy muchas mentorías a *startups*, por ejemplo, y comparto mis contactos con varias de ellas. Ya sabes lo que dicen: mejor enseñar a pescar que regalar pescado. Además, **es importante que lo que des de regreso caiga dentro de tu conjunto de habilidades. Eso garantiza que lo que estás aportando realmente sea útil y, por supuesto, que lo puedas aportar.**

Recuerdo una ocasión en la que mi hija Jacky, en una actividad escolar, me llevó a un pueblito a ayudar a construir una casa para una familia de escasos recursos. Fue una experiencia distinta, y aunque fue muy gratificante entregar un nuevo hogar a la familia, y una actividad que en lo personal disfruté mucho, en especial en compañía de ella, la realidad es que no tenía mucha destreza (ni la tengo) en el mundo de la construcción y me costó mucho trabajo realizar algunas de las tareas que me tocaron. Sin duda me di cuenta, además de lo difícil que es el trabajo de los albañiles, de que no es mi mejor manera de aportar a la sociedad, y está bien. Hay una infinidad de causas para elegir, no nos tienen que gustar todas solo porque en el fondo son nobles. Te prometo que, si buscas, encontrarás algo que se ajuste a tus gustos, habilidades y forma de ser, y que disfrutes al llevarlo a cabo.

Dar de regreso también se trata de eso, de disfrutar ese proceso. De nada vale sufrir y verlo como una carga, pues si es así no estaremos poniéndole verdadero corazón a las cosas y por ende no nos mantendremos motivados.

No importa cómo, la idea es que no desaproveches la oportunidad de ayudar cuando puedas (y quieras) ayudar, así sea con recursos como dinero, comida, ropa o juguetes, o con tu tiempo, experiencia y contactos. Cualquier opción es válida siempre y cuando, de repente, lo hagas.

TU PROPÓSITO, TU MANERA DE APORTAR

Como lo señalamos hace algunos capítulos, **tu propósito debe ser algo que sea más grande que tú, algo que te permita aportar al mundo.** Muchas veces vivimos pensando en lo que estamos haciendo para nosotros mismos y dejamos de lado lo más importante: ¿para qué lo hacemos?, ¿de qué está hecha nuestra huella?

En la película *Triunfo a la vida (Mr. Holland's Opus)* hay una escena que reúne muy bien la lección de por qué vale la pena darnos el tiempo de regresarles a la vida, al mundo y a las personas un poco de todo lo que nos dan. El protagonista, Glenn Holland (Richard Dreyfuss), es un músico que para pasar más tiempo con su familia y terminar de componer su sinfonía decide meterse de docente en una preparatoria estadounidense. No te la voy a *spoilear*, porque recomiendo muchísimo que la veas, pero digamos que después de 30 años y muchos contratiempos y experiencias, deciden prescindir de la materia de Glenn, por lo que, en un momento de incertidumbre y desasosiego, el músico de avanzada edad comienza a cuestionarse si todo el esfuerzo y tiempo invertido con sus alumnos valió la pena. Para responderle, sus exalumnos lo sorprenden con un homenaje, y esa es la primera vez que Holland es en verdad consciente de cuánta gente tocó y de lo mucho que valió la pena dedicar su vida a compartir conocimiento. Este es un final increíblemente inspirador que tengo la seguridad de que a todos, de alguna u otra manera, nos gustaría vivir.

Muchas personas se pasan la vida intentando descubrir su propósito o «misión» en este mundo, cuando en el fondo, a lo que realmente venimos es a contribuir a este planeta, a dejar huella. Mi abuelo, como te compartí, decía que lo único que dejas en esta vida es tu nombre, así que asegúrate de dejarlo muy en alto. **Aporta a través de tus ideas y de tus actos y contempla dejar algo bueno al mundo como parte de tu propósito.**

La trascendencia no se mide en el número de personas que te conocen, sino en la profundidad con la que tocaste vidas, sea una o sean 100. No tienes que llevarlo al extremo y convertirte en un Martin Luther King o un Gandhi, que dieron su vida por un movimiento. Claro, eso tiene un valor gigantesco y por ello tienen bien merecido su lugar en la historia, son eternos. Pero hay muchas maneras de dejar un legado.

Recuerda que aunque lo ideal sí es intentar llegar al mayor número de gente posible, no se trata de cantidad, sino de calidad. Cada persona es un mundo. Con que tu aporte sea en el marco de tus posibilidades y realmente te permita dejar huella, estarás trascendiendo.

La vida te va a dar muchísimos pretextos para no aportar. Te va a tratar mal, te va a meter en problemas. Me ha pasado. De repente te pedirán ayuda y no tendrás las fuerzas o las ganas necesarias. Y se vale. Para ayudar a los demás, antes que nada tienes que estar bien contigo, toma también esto en cuenta. Lo ideal es encontrar un balance y no solo pensar en los demás abandonándote a ti por completo. Es un proceso que poco a poco se va puliendo y perfeccionando.

¿PARA QUÉ HACER ALGO SI NADIE LO VE?

Cuando haces algo que es aplaudido por los demás, no voy a mentir, se siente increíble. El reconocimiento suele ser un gran motor para seguir haciendo lo que hacemos. Sin embargo, es un error hacer las cosas por algo tan efímero y subjetivo como lo es el visto bueno de los otros. Es más, encontrarás que una buena parte de la gente exitosa llegó hasta donde está sin vivir pensando en los aplausos y halagos que la gente le haría, eso, en muchos casos, vino después.

Es normal que, si de pronto ves que nadie valora tu esfuerzo ni tu trabajo, te desmotives. Pero de nuevo, imagínate qué sería del mundo si los grandes inventores se hubieran rendido ante el primer «no»... ¡Seguiríamos en la era de piedra! **Recuerda que el hecho de que algunos no lo consideren importante, no quiere decir que no lo sea.** Hay quien aporta, por ejemplo, recogiendo un papel tirado en la calle, ayudando a una anciana a cruzar la calle o dedicando sus fines de semana a organizar actividades para niños o adolescentes. Se trata de contribuir de una manera genuina a mejorar tu entorno. Opciones hay, lo realmente importante aquí es que encuentres tu lucha y actúes alineado a esta.

Mi lucha, por ejemplo, es por la prosperidad. Estoy convencido de que los países prósperos son los que apoyan el emprendimiento, la innovación y la competitividad. Por eso, ayudo a que la gente genere nuevas ideas y a ponerlas en práctica; lucho por ver sus productos y servicios en el mercado; la apoyo a trascender como personas y, así, retribuir a otros. Desde muy joven me di cuenta de que se me facilitaba comprender modelos de negocio y resolver problemas, habilidades que mucha gente aprecia cuando se las enseño y comparto. Así que las convertí en la trinchera desde la que aporto al mundo. ¿Y tú?, ¿ya sabes cuál es la tuya?

No importa el tiempo que dediques a ello, ni lo que digan los demás, esto es algo personal. **Tú deberías ser tu crítico más duro y tu porrista más grande.** Así como duele más decepcionarte a ti mismo que el que cualquier otra persona lo haga, también saber que tú estás orgulloso de ti debe bastarte, sobrarte y gustarte más que cualquier otro reconocimiento.

Y déjame decirte que muchas veces no solo no me agradecen lo que hago, sino que en ocasiones incluso hay gente que acaba muy enojada porque no logró lo que se proponía o porque de una u otra manera estaba en desacuerdo con mis aportaciones, pero ni modo. Si algo he aprendido es que no puedes tener a todo el mundo contento todo el tiempo. En todo caso, yo sé por qué hago lo que hago y el impacto que he generado y, al menos hasta la fecha, estoy bastante satisfecho en ese aspecto.

Pero así como hay gente con la que por más que te esfuerces no darás en el blanco, de repente te puede llegar un agradecimiento de una persona que conociste en un avión, platicaste con ella 15 minutos y le ayudaste a cambiar su manera de ver las cosas. O un mensaje de alguien que te dice que lo que le dijiste funcionó o que lo inspiraste en alguna plática que diste. Debo admitir que, sobre todo en los momentos de más estrés y trabajo intenso, son cosas así de simples las que hacen toda la diferencia y me recuerdan que ese esfuerzo continuo vale, y vale mucho.

LAS EMPRESAS Y SU OBLIGACIÓN SOCIAL

Las empresas, incluso más que las personas, tienen la obligación moral de retribuir a la sociedad y al mundo en general. Desde hace algunas décadas empezaron a contribuir a las causas sociales o filantrópicas para lograr el distintivo de «empresa socialmente responsable», misma que les ameritaba un enorme reconocimiento. Sin embargo, hoy ya no es cuestión de reconocimiento sino de humanidad; como sociedad y consumidores, no debemos aceptar empresas que dañen al mundo o a sus habitantes.

Cuando una empresa contempla la responsabilidad social como algo más que una etiqueta para ser reconocida, y entiende el valor real de aportar a la sociedad y al planeta, tiene grandes posibilidades de volverse de las favoritas del público. En contraste, si nos enteramos de que nuestra marca favorita utiliza niños en sus fábricas, esclaviza o maltrata a sus trabajadores o daña la ecología, estas serían causas suficientes para dejar de consumirla y repelerla. Sobre todo en la actualidad, donde afortunadamente las nuevas generaciones vienen con un chip de conciencia y denuncia social instantáneo.

Todas las empresas deberían de cuidar su huella social y ecológica por el simple hecho de que es lo correcto, de que es lo que nos permitirá seguir habitando este mundo y regresándole tantito de lo mucho que nos da.

Ya no hay cabida para aquellos días en los que los grandes corporativos solo se preocupaban por hacer dinero, su aportación tiene que ser generalizada, y lo mejor de todo, la tendencia hacia ello continúa creciendo. Los índices de Corporate Social Responsability (CSR) lo reflejan. Estos se basan en tres ejes que se conocen como el triple resultado final (triple bottom line, por su nombre en inglés), y miden las 3 P de un negocio: «people, planet and profit» (personas, planeta y utilidades). Varias empresas como The Walt Disney Company, Adidas, Rolex y Ferrari han destacado en este rubro. A medida que las sociedades evolucionan, esto deja de ser opcional y se vuelve un requisito que ellas deben cumplir, y todos debemos exigir.

Una persona que para mí realmente destaca en la gestión de esta habilidad es Bill Gates. Él es un hombre que, si bien lleva años acumulando miles de millones de dólares que lo han convertido en uno de los individuos más ricos del planeta, es consciente del poder de cambio que tiene en sus manos y ha decidido utilizarlo, entre otras cosas, para ayudar a los demás.

Su empresa, Microsoft, ha hecho una serie de compromisos que van desde eliminar sus emisiones de carbono negativo en sus cadenas de suministro y valor, erradicando así el carbono negativo del que ellos han sido responsables desde la fundación de la compañía, hasta acortar la brecha digital, llevando, por ejemplo internet y herramientas de productividad a las zonas más marginadas en varios países del mundo.

En los tres años de vida que lleva esta iniciativa, le han proporcionado acceso a internet a más de 15 millones de personas. Además, promueven que sus empleados se involucren en organizaciones y fundaciones a nivel mundial ya sea como voluntarios o donando la cantidad que les sea posible. Según información que comparten en su web, entre 2019 y 2020 lograron juntar

221 millones de dólares y más de 750 mil horas de voluntariado por parte de sus empleados. Esto, para mí, es un éxito rotundo y completo.

Y ni hablar de todo lo que ha hecho a nivel personal con la Bill & Melinda Gates Foundation. Más allá de todo el dinero que Gates pueda tener en su cuenta de banco, la diferencia que está marcando en el mundo es formidable. Y te apuesto que aunque tener tanto dinero seguramente le es satisfactorio, utilizar su tecnología para crear oportunidades, garantizar derechos fundamentales y abonar a un futuro sostenible es lo que le da paz, que es mucho más importante.

Si lográramos tener una sociedad que se comprometiera a ser más empática y a dar de regreso por el simple gusto de hacerlo, no solo viviríamos más felices, también lograríamos mucho más; estaríamos viendo y viviendo un verdadero cambio en el mundo.

> «TÚ MISMO DEBES SER EL CAMBIO QUE QUIERES VER EN EL MUNDO».
> Mahatma Gandhi

APRENDIZAJE
para llevar

Ser agradecidos y saber que por el simple hecho de formar parte de este universo tenemos una responsabilidad de retribuir y contribuir para generar una transformación profunda es cuestión de humanidad, no de altruismo. Querer aportar es algo que nos conecta a todos los que trabajamos por un propósito. Chico o grande, lo que haces importa.

QUÉ SÍ Y QUÉ NO

LO QUE SÍ	LO QUE NO
• Identifica en qué eres bueno y cómo puedes capitalizar eso a la hora de aportar. • Ten claro a quién quieres impactar y cómo quieres hacerlo. • Encuentra motivación en el impacto positivo que puedes generar en otras vidas. • Recuerda: todos tenemos algo que aportar y una forma particular de hacerlo.	• Olvidarte de ti para ver por los demás. • Dar de regreso solo por recibir un reconocimiento o un aplauso. • Hacer algo por obligación: ¡no le sufras! Cada quien encuentra su propia manera de dar. • Pensar que el éxito viene del dinero o el poder; ya muchos cometieron ese error por ti, mejor concéntrate en el impacto positivo que puedes tener.

EJERCICIO

Me gustaría recomendarte una película que puedes utilizar para clarificar y ejercitar el concepto de «aportar al mundo»: *Cadena de favores* o *Pay it Forward*, en inglés. Búscala en tu plataforma de *streaming* favorita y vela. Explora la relación entre un niño de 11 años llamado Trevor McKinney (Haley Joel Osment) y su profesor de ética, Eugene Simonet (Kevin Spacey). Un día el profesor Simonet asigna a los alumnos como principal tarea «dar una idea para cambiar al mundo y ponerla en práctica». A Trevor, entonces, se le ocurre llevar esa tarea a otro nivel e iniciar una cadena de favores, es decir, hacer algo bueno por alguien desconocido con el simple objetivo de que él también le haga un favor a alguien y, así, «pagar» el favor que le hicieron.

Desde que vi la película se me hizo una idea muy poderosa y creo que todos deberíamos llevarla a cabo. Como ejercicio de este capítulo, encuentra a alguien a quien quieras y puedas ayudar y, muy importante, de quien no esperes nada de regreso, y hazle un favor. La idea no es hacer algo superficial como darle una moneda a un pordiosero o ayudar a tu mamá un día a lavar los platos, sino realmente pensar en hacer una aportación que tenga un efecto profundo en la vida de esa persona, tanto así que luego de ayudarla la dejes con la tarea de hacer lo mismo con alguien más.

¿A poco no es un gran ejercicio? ¡Pues a llevarlo a cabo! Ya me contarás qué tal.

ACTITUD

16

YA ESTANDO EN GUAYMAS, PÉGALE AL MARISCO.

Dicho popular

Tengo la absoluta convicción de que toda la gente que ha sido exitosa empezó con una buena actitud, con pensamientos optimistas y mucha energía para lograr lo que pretendía, pues **solo creyendo que eres capaz de conseguir algo, es que puedes llegar a crearlo.**

La actitud es una habilidad padrísima porque depende enteramente de nosotros mismos y la manera en que elegimos interpretar y enfrentar las situaciones que nos presenta la vida. Te permite sacar a relucir lo mejor de ti, incluso cosas que ni tú sabías que tenías. Y aunque empieza en uno, la actitud positiva se contagia y al transmitirse a otras personas crea un mejor ambiente a tu alrededor, un círculo virtuoso. Además, una buena actitud te permite divertirte y gozar de tu camino hacia la meta, encontrando el lado positivo de las cosas, incluso cuando no salen como lo esperabas. Sin actitud, ninguna de las personas que ha logrado mejoras para el mundo habría sido exitosa.

¿DE QUÉ VA UNA BUENA ACTITUD?

Tú eres el único con el poder de controlar cómo vives y cómo te relacionas con tu entorno. Así es, la actitud que tengas frente a las distintas situaciones que se te presentan y presentarán, como cualquier otro comportamiento, depende por completo de ti, y no es algo que se deba tomar a la ligera. **La manera en la que decides interactuar con dicho entorno tiene un efecto sumamente profundo en cómo se acomodan las cosas a tu alrededor.**

Suena místico, pero es real. Seguro alguna vez te ha pasado que tienes el presentimiento de que algo te va a salir estupendamente bien, y así ocurre. De la misma forma, cuando tienes la sensación de que algo saldrá mal y tu mente está enfocada en ello, por lo general suele salir mal. «Ley de atracción», le llaman y la actitud es parte esencial de ello.

Terminemos con un gran mito. Tener una buena actitud no implica que tengas que estar de entusiasta todo el día. Recordemos que nuestras habilidades tienen la capacidad de prenderse y apagarse, por lo que no hay necesidad de saltar por todo el lugar para que el mundo sepa que tienes una buena actitud. Todo es cuestión de medir nuestro entorno y reaccionar conforme al contexto.

Ahora, sentir y expresar una actitud positiva requiere que pongas mucho de tu parte para que aprendas que, así como hasta el suceso más positivo del mundo tiene algo negativo, hasta el suceso más negativo del mundo tiene algo positivo, y es TU elección en qué pones la mirada o, como mencioné anteriormente, si decides ver el vaso medio lleno o medio vacío.

BENEFICIOS DE UNA BUENA ACTITUD

Imagínate por un momento que pierdes tu trabajo, uno que en verdad te gustaba. Esta, ciertamente, no es una situación agradable, pero si te enfocas en el lado positivo, podrás darte cuenta de que la vida, lejos de estarte molestando, te está dando una nueva oportunidad de sobresalir en otra cosa, de empezar de nuevo... En fin, con la mirada correcta, las posibilidades son infinitas.

Por eso es tan importante la buena actitud. Pues **aun cuando las cosas parezcan estar totalmente oscuras, es decisión de cada quien si se sienta a contemplar la penumbra o se dispone a buscar una vela.** La vida todo el tiempo nos pone a prueba y, francamente, yo soy de la idea de que la alegría, la felicidad y el transmitir a los demás positivismo, es lo que te llevará a ser más resiliente y a pararte cuando te creías derrotado. Aunque ser positivo y tener una buena actitud no es ninguna fórmula mágica ni te garantizará resultados al instante, sin duda abrirá tus posibilidades, te dará la dicha de vivir más feliz y, con eso, ya estarás un paso más adelante que el resto.

LA ACTITUD VENDE Y CANCELA

Martin Baron, quien hasta hace poco fue director del reconocido periódico estadounidense *The Washington Post*, habló en una entrevista con *El País* sobre cómo uno de los atributos definitivos que busca al contratar a alguien es el optimismo. «Tenemos presiones enormes en esta industria, grandes obstáculos» —comentó Baron— «por eso quiero contratar a gente que confíe en que va a tener éxito. No tendrás éxito si contratas a personas que creen que van a fracasar».

Yo, como Baron, contrato a la gente por actitud. Me he dado cuenta de que es una técnica casi infalible, pues la buena actitud suele empujarla a hacer las cosas mejor y darlo todo. **Cuando hay ganas y hambre de hacer las cosas o aprender a hacerlas, se actúa en grande.** Y aunque tener una buena actitud no siempre te garantiza el resultado esperado, una mala actitud sí te complica tenerlo.

No siempre supe la importancia que tiene esto. Años atrás contraté a un director de Operaciones para Startup México, que cuando lo conocí me maravilló porque se vendió como alguien con un currículum impresionante en el área de operaciones y procesos. Y no mintió, realmente tenía *expertise*, pero le falló algo: la actitud. Era una persona que no movía, no inspiraba, no tenía el más mínimo interés por tener un trato humano con sus subordinados y que por supuesto no sabía hacer equipo. La relación no funcionó; es más, esta experiencia me confirmó que **si bien la técnica y el conocimiento importan, eso siempre se puede aprender. Sin embargo, una buena actitud es muchísimo más valiosa, y eso sí que nadie lo enseña.**

Ahora procuro deshacerme de la gente con mala actitud lo más rápido posible, pues aun cuando en el papel sean increíbles, sé que su mala actitud no solo les impedirá alcanzar sus objetivos, sino que también afectará a quienes los rodean, porque buena o mala, la actitud se contagia.

En *Shark Tank* y Startup México me ha tocado que emprendedores presenten algo padrísimo, pero con una actitud horrenda, sin pasión, sin creer en lo que ellos mismos están intentando venderte, sin transmitir positivismo. ¿Cómo quieren que yo crea en ellos si no lo hacen ellos mismos? No se antoja trabajar con alguien así. Por el contrario, siempre estoy dispuesto a ayudar a alguien que percibo como optimista; aun cuando su proyecto no sea extraordinario, sé que al final le va a echar muchas más ganas y no se va a dejar vencer tan fácilmente.

SIN PASIÓN, NO HAY ACTITUD

Cuando te apasiona lo que haces, se nota a kilómetros de distancia, pues dedicarte a lo que te gusta te da una recarga automática de actitud positiva. De hecho, tu pasión es directamente proporcional a tu voluntad para luchar por lo que sea que elijas, y será determinante para que no te rindas.

Piénsalo, jamás te vas a aferrar a algo que no disfrutas, por lo menos no de manera genuina. Imagina que de pequeño tu mamá te obliga a asistir a clases de baile, pero tú las odias. Por más que intentas simplemente no te gusta bailar, por lo que, cuando vas, llegas con mala actitud y sin ganas de aprender los pasos. No importa cuánto intentes convencerte de que vale la pena seguir para convertirte en el mejor bailarín de la historia, tu corazón no estará ahí.

¿Por qué pasarías toda tu vida haciendo algo que no te gusta? Muchísima gente lo hace y me parece gravísimo. De manera a veces consciente o inconsciente, se mete en un círculo vicioso en el que, al estar en un lugar que no le gusta, no da su todo porque simplemente su trabajo no la inspira, y eso, a su vez, hace que sus capacidades se empiecen a ver limitadas. El problema es que al forzarnos a hacer algo que nos disgusta nos privamos de hacer aquellas cosas que sí nos mueven y para las que probablemente podríamos desarrollar grandes capacidades. A fin de cuentas, **si no lo estás disfrutando, solo estás perdiendo tiempo valioso que podrías invertir en trabajar en algo que te lleve a ser en verdad exitoso.** ¿Por qué eso sí te hará tener éxito? Por el simple hecho de que le pondrás corazón.

> **No se trata de sobrevivir, sino de vivir.** ¿Recuerdas el ejercicio del *ikigai* en el capítulo sobre el **propósito**? Pues de eso se trata, de buscar lo que te gusta, que disfrutes, y dedicarte a ello.

Mucha gente me pregunta de dónde saco energía para trabajar tantas horas sin descanso. La respuesta es que me encanta lo que hago. La energía me la da el sentimiento de hacer lo que me gusta, el conocer gente nueva todos los días, ayudarla y descubrir constantemente nuevas oportunidades. Gracias a ello, a pesar de los obstáculos a los que me enfrento sin cesar —y créeme que son muchos—, sigo adelante con buena actitud. Cada día me hace crecer y aprender cosas nuevas. Y eso es algo importantísimo, sentir que lo que haces te está haciendo avanzar, expandir tus alas.

> «SI ESTÁS TRABAJANDO EN ALGO QUE REALMENTE TE IMPORTA, NO VAS A NECESITAR QUE TE EMPUJEN. TU VISIÓN ES LA QUE LO HARÁ».
> Steve Jobs

¿LAS EMPRESAS TAMBIÉN PUEDEN SER DIVERTIDAS?

Estamos aquí para pasárnosla bien: en el trabajo, con la familia, con los amigos, la pareja o en cualquier otro aspecto de la vida, esa es la meta definitiva. De todos los ámbitos en los que la diversión es necesaria, el trabajo es, en definitiva, uno de los más importantes. Mantener un ambiente relajado y divertido tiene efectos especialmente positivos en los empleados, como reducir el estrés, llenarlos de energía, motivarlos y, en consecuencia, hacer que su productividad y la de la empresa aumenten.

La diversión también contribuye en gran medida a incrementar la creatividad de las personas, pues, al obligarlas a pensar desde una posición menos seria, se reduce de forma considerable el temor que tienen a equivocarse o a decir «una tontería», lo que hace que filtren menos sus ideas y, posteriormente, den lugar a una gran idea. Google es un excelente ejemplo de esto. Ellos supieron identificar que el bienestar de sus empleados a través de la diversión y recreación es sinónimo de éxito.

Recuerdo la primera vez que visité las oficinas de Google en Mountain View, en pleno Silicon Valley. Lo primero que me topé cuando entré fue una cancha de voleibol de playa junto a una piscina «sin fin», de esas que son muy pequeñas pero que tienen corriente en contra por lo que puedes nadar por kilómetros sin llegar al otro lado. Algo que se me hizo muy curioso y bastante simpático fue que a pesar de que esta piscina tenía cerca de cuatro metros de largo y contaba solo con un carril de ancho, había un salvavidas supervisando a quien nadara en ella. Me pareció un gran detalle.

Luego, al recorrer el campus completo nos dimos cuenta de todos los lugares de esparcimiento con los que cuentan, comida gratuita por todos lados y un sinfín de vehículos de todo tipo —bicicletas, patinetas eléctricas, etc.— para que los empleados puedan trasladarse de un lugar a otro dentro de las instalaciones. Cuando pensamos que ya estábamos lo suficientemente maravillados, vimos cómo iba saliendo un perro San Bernardo de una sala de juntas. En Google cualquiera puede llevar a su mascota a las oficinas. También, sabiendo que una poderosa siesta es primordial para que los empleados den lo mejor de sí, hay salas de descanso con camastros y sillas cómodas para echarte una siesta, o bien, simplemente para tumbarte a espabilar un rato. Y porque, como puedes notar, Google piensa en absolutamente todo, además de lo que ya leíste también cuentan con varias salas de juegos para que los empleados puedan despejarse y distraerse un rato. ¡Hasta tienen una peluquería móvil a medio campus en donde te cortan el cabello gratis! Es realmente un lugar único, donde inició la tendencia del nuevo tipo de oficinas que hacen que los empleados se sientan mucho más cómodos, inclusive mejor que en casa. De hecho, fue justamente mi inspiración cuando creamos el primer campus de Startup México.

Pero lo más impresionante de Google es el hecho de que 20% de tu tiempo lo puedes dedicar a lo que tú quieras, un día entero de los cinco que se trabaja a la semana. Con ese 20% de tiempo libre puedes ir a la playa si así lo deseas, pero también puedes desarrollar un proyecto propio con el potencial de que Google lo adopte como parte de sus servicios. Y si en ese 20% generas algo que la empresa considera lo suficientemente bueno como para incorporarlo a sus filas, ellos te darán bonos que empiezan en varios millones de dólares. De hecho, cosas que hoy usamos todos los días, como Google News, son resultado de esta práctica. Y claro, ¿cómo no crear cosas increíbles cuando la gente está constantemente motivada?

> ### La pasión en el emprendimiento vs. cuando eres empleado
>
> Siempre que me preguntan qué consejo les doy a los nuevos emprendedores sin duda les digo «que encuentren y se dediquen a algo que en realidad les guste». Y es que en el caso específico de un emprendedor o una *startup*, si no te gusta lo que haces se vuelve doblemente complicado que en cualquier trabajo convencional.
>
> Emprender es como una montaña rusa, mientras que estar empleado es equivalente a estar en un carrusel. Cuando estás en una empresa tú vas, te sientas, y en cuanto llega la quincena, te pagan tu nómina, vuelve a ser lunes y vuelve a dar vuelta el carrusel. Si estás en un carrusel y no te gusta o te parece demasiado aburrido dar vueltas sobre un caballo de plástico, siempre te puedes sentar en otro animal (cambiarte de departamento) y, aunque sea de mala gana, seguir ahí tranquilamente. En cambio, la montaña rusa, como el emprendimiento, está llena de subidas, bajadas y emociones superfuertes. Si estás en una montaña rusa y te deja de gustar, es gravísimo porque no te puedes cambiar a otro asiento. Y, bueno, es probable que ¡a la primera pendiente te quieras bajar de ahí!, pero no vas a poder hacerlo. Tienes que estar dispuesto a vivir esas emociones que son tan intensas que a veces nos dejan un vacío en el estómago y nos hacen gritar, pero que al final del día, al menos a quienes nos gusta emprender, nos fascinan, pues nos hacen sentir vivos.

RECOMENDACIONES PARA HACER LO QUE TE GUSTA

1) **Déjate de excusas.** Cuando estás en un trabajo que no te gusta es muy fácil conformarte con seguir recibiendo un sueldo recurrente cada quincena, y, de quincena en quincena, quedarte ahí eternamente en el carrusel. Dejar un empleo estable siempre tiene un riesgo, y por lo regular es ese riesgo el que lleva a los temerosos a escribir una larga lista de excusas de por qué no se deberían salir de ahí (aun cuando mueren por hacerlo). Sin embargo, lo único que harán estas excusas es generarte aún mayor frustración en tu trabajo actual, así que te recomiendo que en lugar de enfocarte en los pretextos para quedarte, intentes encontrar las razones para salirte y, de una vez por todas, perseguir tus sueños haciendo lo que en verdad quieres hacer.

A mí me pasó. Al principio de mi carrera me dediqué a la publicidad, y aunque no estaba del todo satisfecho con el trabajo, sabía que no podía darme el «lujo» de renunciar porque necesitaba tener un ingreso. Esto me obligó a convencerme (o mentirme, más bien) sobre lo «mucho» que disfrutaba lo que hacía, cuando la realidad era que me chocaba, pero no me atrevía a buscar otra cosa.

Hasta que nos tocó hacerle la campaña a un político que, con nuestra ayuda, ganó la elección. Esto, en lugar de llenarme de satisfacción me hizo sentir pésimo por saber que gran parte de lo que habíamos hecho para cumplir este cometido se sustentaba en la piedra angular de la comunicación política: la manipulación.

Confirmé que eso no era a lo que me quería dedicar y, aunque fue doloroso, me dio el empujón que necesitaba para salir y buscar algo nuevo. Y de no haberlo hecho estoy seguro de que no habría llegado a donde estoy ahora.

2) **Dedícale tiempo a tu pasión.** Una vez que hayas encontrado lo que quieras hacer, dedícale el tiempo suficiente para hacerlo realidad. Planea cómo estructurar tus tiempos y acomodar tus prioridades para dedicarte a ello, y ponte a practicar y aprender lo necesario para volverte un experto. Encuentra mentores que te puedan guiar hacia mejorar tu talento y capacidades en la materia y rodéate de gente que te apoye incondicionalmente y te dé energía para lograr lo que buscas. Es probable que tengas que trabajar mucho más, pero recuerda que estarás en lo que realmente quieres hacer, así que seguro que lo harás con más gusto.

3) **Enfócate en ti.** Es muy probable que mientras intentas seguir tus aspiraciones te topes con muchos detractores que te critiquen o menosprecien tus objetivos y te generen dudas. Para ser exitoso tienes que bloquear estas voces negativas y enfocarte en tu viaje personal. No te voy a mentir, vas a tener que ser muy fuerte emocionalmente para lograrlo, pero lo vas a conseguir. Mientras te preocupes más por tu camino a la felicidad que por ver cómo van otros en el suyo, estarás bien. No te conformes con menos.

4) **Diviértete.** Busca las cosas que te den placer y hazlas. Puede ser el tener una conversación con alguien dentro o fuera del trabajo, disfrutar a la familia, ver una película, tocar algún instrumento, viajar o gozar de una buena comida. Recuerda que la vida no se trata de sobrevivir, sino de vivir; intenta hacer que los días

> que vives realmente sean significativos y busca un balance constantemente entre tus obligaciones y tus gustos, no te conformes.

La actitud tiene el poder de cambiar realidades, de darle vuelta a las situaciones y de impactar vidas, empezando por la tuya. No siempre es fácil tener una buena actitud, pero recuerda que siempre, SIEMPRE, será tu elección. Así que tú dirás, existir a regañadientes o hacerlo, como decía el personaje que interpreta Robin Williams en *La sociedad de los poetas muertos*, «extrayéndole todo el tuétano a la vida».

APRENDIZAJE
para llevar

La vida es cuestión de actitud y la actitud es cuestión de decisión, de TU decisión. Una actitud positiva frente a la vida, además de impulsarte con fuerza y determinación hacia el éxito, hace que tu paso por el mundo sea mucho más llevadero y disfrutable. Recuerda que la diversión puede y debe estar presente en cualquier ámbito de tu vida, pues es lo que nos hará sacar nuestra mejor versión y, sin duda alguna, cumplir nuestro propósito.

QUÉ SÍ Y QUÉ NO

LO QUE SÍ	LO QUE NO
• Toma la decisión consciente de tener la mejor actitud frente a la vida.	• Tolerar el aburrimiento ni perder el tiempo en algo que no te llena.
• Sé optimista. No subestimes el poder de la atracción que conlleva el tener una buena actitud.	• Ver el vaso medio vacío, cuando conoces las bondades de verlo medio lleno.
• Dedícate a lo que te gusta, de la pasión por lo que haces surgen tu determinación y resiliencia para todo proceso.	• Rodearte de quienes te quitan energía o traen una mala actitud a tu proyecto.
• Recuerda la importancia de divertirte. Google lo supo mejor que nadie y mira todo lo que han logrado gracias a ello.	• Compararte con los demás. Enfócate en ti y en lo que está dentro de tu alcance.

EJERCICIO

Hay una plática de TED que me gustaría compartirte y que creo que da, de una manera muy visual y conveniente, el mensaje que quiero que te lleves de este capítulo. Quizá ya la conoces o has oído de ella, pues es una de las conferencias más vistas en la plataforma: la de las famosas poses de poder o de superhéroe. Te dejo el QR por aquí:

En la plática, la psicóloga social Amy Cuddy explica el poder que tiene nuestro lenguaje corporal para transformar nuestra vida, darnos más confianza y hacernos más felices. La manera en la que actuamos y utilizamos nuestro cuerpo tiene una influencia significativa en cómo pensamos, sentimos y nos comportamos. «Si con tu cuerpo transmites dominancia, tú te empezarás a sentir poderoso», dice la psicóloga. ¿Y por qué ocurre esto? Porque tu mente, tu cuerpo y tu entorno están directamente conectados. Si finges ser poderoso, es más probable que te sientas en realidad poderoso. ¡El efecto que una pose de poder tiene en nuestra actitud es increíble!

Si tú te la crees, tan solo por un momento, tu mente empezará a apoderarse de esa sensación y eso lo reflejarás. Una buena actitud —sea expresada con tu cuerpo o tus palabras— puede moldear tu manera de percibir el mundo. ¡Haz la prueba! Verás cómo funciona.

CONCLUSIÓN

Llegó el final del libro, pero no de tu recorrido. De hecho, cerrando estas páginas puede que apenas comience. Es normal sentirse nervioso antes de aventarse a hacer algo que no habías hecho; de trabajar en ti o en tu proyecto, pero, como vimos aquí, no hay que preocuparse, hay que ocuparse. Ya no estás yendo a la guerra sin fusil y este compendio de experiencias, conocimiento y recomendaciones que leíste tiene el objetivo de que, además, salgas victorioso.

Siendo **valiente** y sabiendo cómo y cuándo ser **audaz,** estarás un kilómetro más allá que cientos que se quedan sumergidos en su zona de confort y presos de su (infundado) miedo. Una vez que salgas de ahí tendrás frente a ti un lienzo en blanco, listo para que dibujes tu **propósito,** uno que te llene y te emocione hasta las entrañas. Si a este le agregas **ambición,** tendrás lista la piedra angular de tu éxito, pues el primero será el que le dará sentido a tu andar mientras que el segundo lo llenará de motivo. Y sí, ambos te harán imparable.

Es importante que a partir de esto aterrices un **plan** que funcione como tu hoja de ruta para que, poco a poco, materialices tu propósito. Tu plan te ayudará a tener claridad de los pasos a seguir para llegar ahí. Ahora bien, en un mundo tan cambiante como el nuestro debes tener cuidado de que dentro de tu plan de acción esté contemplado que lo que vas a ofrecer, sea lo que sea, realmente cubra una necesidad y aporte algo al usuario final, es decir, que sea **innovador.**

Con eso cubierto, es momento de arrancar el viaje. Asegúrate de que mientras caminas no te distraigas, debes tener los ojos bien puestos en tu propósito y tus metas, ya que, si no estás **enfocado,** difícilmente llegarás a ver hecho realidad todo eso que ya formulaste. Si en algún momento durante tu trayecto llegas a caerte, es importante aplicar la **resiliencia** para levantarte, limpiarte la herida y en lugar de ver ese inconveniente como un fracaso, verlo como lo que es: un aprendizaje. En ese sentido, levantarte y volver a tomar tu dosis de motivación es crucial para no rendirte. Hay que perseverar, no dejarse vencer ante el primer bache que nos hizo caer y, también, muy importante, hay que aprender a ser **intuitivos,** a escucharnos y confiar en nosotros. Para ello también será importante aprender a improvisar y así evitar que los contratiempos nos agarren en curva.

El sol no brillará todos los días ni las cosas saldrán siempre, por lo que es importante que, como bien dijo Darwin, si quieres sobrevivir, sepas **adaptarte.** No hay de otra. A quitarse los prejuicios y la resistencia a hacer las cosas de forma diferente para evolucionar. Tienes que ser **empático** con tu entorno, con lo que está ocurriendo y en cómo eso afecta a quienes te rodean. La empatía es una herramienta poderosísima de escucha y entendimiento que te hará ser un profesional competente y un ser humano respetable.

De su mano estará siempre la **humildad,** misma que te permitirá tener los pies siempre anclados a la tierra y será la base para que, de tener una posición que te suponga algo de poder, la gente te llame con orgullo: **líder.** Recuerda que liderar no es una cuestión de jerarquía sino de equipo.

A veces antes, a veces después, pero inevitablemente llegará un punto en que te tengas que enfrentar a **vender** lo que sea que estés desarrollando, o incluso a ti mismo, para cumplir con tu propósito. Y recuerda, también, lo importante que es **dar de regreso** y, así, ser parte de la construcción de un mundo más armonioso y solidario.

Por último, si aparte de hacer todo esto de forma correcta, lo haces para pasarla bien, la experiencia cobrará una dimensión distinta. Vivir la vida con **actitud** te hará pasar un gran rato y te permitirá que tanto este camino como tu vida en general sean algo gozoso y digno de vivir.

Espero que hayas disfrutado leer estas páginas tanto como yo disfruté el proceso de escribirlas. Te deseo una vida llena de éxitos y sueños logrados en la que siempre, **siempre,** te atrevas a pensar y hacerla en grande.

Marcus Dantus

AGRADECIMIENTOS

A Karina Macias que me invitó
a realizar este proyecto.

A Tamara Gutverg que me acompañó,
guio y motivó durante
todo el proceso.

A Andrea Camarena, mi incansable
compañera y amiga que le dio forma
al texto y aterrizó todas las ideas.

A Lorena Llerandi, que se encargó
de organizar mi tiempo para
dedicarme a este libro.

A todos los mentores, inversionistas
y emprendedores con los que he estado
en contacto durante todos estos años
y que me han ayudado a compilar
todo el conocimiento que intento
transmitir en estas páginas.

A todos mis compañeros de Startup México,
Dux Capital, Startup Academy, Mexico Limited
y Camp4 con los que día a día vivimos
experiencias que nos retan, educan
y enriquecen nuestras vidas.

BIBLIOGRAFÍA

INTRODUCCIÓN

Fernández, T., y E. Tamaro (2004). «Biografía de Bill Gates», *Biografías y Vidas: La enciclopedia biográfica en línea*. Consultado en https://www.biografiasyvidas.com/biografia/g/gates.htm.

Fernández, T., y E. Tamaro (2004). «Biografía de Mario Molina», *Biografías y Vidas: La enciclopedia biográfica en línea*. Consultado en https://www.biografiasyvidas.com/biografia/m/molina.htm.

Galeano, S. (18 de enero de 2021). «Historia de Jack Ma: Cómo el fundador de Alibaba ha llegado a liderar el ecommerce mundial», *Marketing 4 Ecommerce Mx*. Consultado en https://marketing4ecommerce.mx/historia-de-jack-ma-como-el-fundador-de-alibaba-ha-llegado-a-liderar-el-ecommerce-mundial/.

Peszek, L. (s. f.). «Simone Biles», *Britannica*. Consultado en https://www.britannica.com/biography/Simone-Biles.

CAPÍTULO 1: VALENTÍA Y AUDACIA

Bloomberg Quicktake (10 de junio de 2014). «Elon Musk: How I Became the Real Iron Man» [video], YouTube. Consultado en https://www.youtube.com/watch?v=mh45igK4Esw.

Buñuel, L. (1929). *Un perro andaluz* (Escena ojo cortado) [video], YouTube. Consultado en https://www.youtube.com/watch?v=hZeu58twdHQ.

Ekman, P. (2017). *El rostro de las emociones* [digital], Barcelona, RBA Bolsillo. Consultado en https://st2.ning.com/topology/rest/1.0/file/get/3390535937?profile=original.

Ellis, A. (2000). *Cómo controlar la ansiedad antes de que le controle a usted*, Barcelona, Paidós.

Opalín, L. (12 de marzo de 2018). «Israel 70 años. Logros y Retos», *El Financiero*. Consultado en https://www.elfinanciero.com.mx/opinion/leon-opalin/israel-70-anos-logros-y-retos/.

Y Combinator (15 de septiembre de 2016). «Elon Musk: How to Build the Future» [video], YouTube. Consultado en https://www.youtube.com/watch?v=tnBQmEqBCY0.

(20 de marzo de 2021). «Recorre una línea de tiempo con increíbles logros de Israel», *Israel21c Descubriendo Israel*. Consultado en https://es.israel21c.org/recorre-una-linea-de-tiempo-con-increibles-logros-de-israel/.

CAPÍTULO 2: PROPÓSITO

Jones, M. T. (2010). «Is the Google World a Better Place?», *Journal of International Affairs*, vol. 64. Consultado en http://www.jstor.org/stable/24385193.

Tollin, M. (2020). *The Last Dance* [serie documental], Netflix.

Vilaseca, B. (2011). *¿Qué harías si no tuvieras miedo?*, Barcelona, Penguin Random House.

CAPÍTULO 3: PLANEACIÓN

Capella, M. (21 de octubre 2020). «Objetivos inteligentes (SMART): qué son y pasos para definirlos», *InboundCycle*. Consultado en https://www.inboundcycle.com/blog-de-inbound-marketing/objetivos-inteligentes-smart-que-son-pasos-para-definirlos.

De Bono, E. (2004). *El pensamiento creativo: El poder del pensamiento lateral para la creación de nuevas ideas*, México, Paidós.

Florido, M. (8 de octubre de 2018). «Cómo crear un plan de trabajo sencillo paso a paso», *Marketing and Web*. Consultado en https://www.marketingandweb.es/emprendedores-2/plan-de-trabajo/.

Pursell, S. (s. f.). «Cómo crear objetivos SMART para tu empresa», *HubSpot*. Consultado en https://blog.hubspot.es/marketing/5-ejemplos-de-metas-inteligentes-para-tu-empresa.

Routley, N. (16 de junio 2020). «Tesla is Now the World's Most Valuable Automaker», *Visual Capitalist*. Consultado en https://www.visualcapitalist.com/tesla-is-now-the-worlds-most-valuable-automaker/.

CAPÍTULO 4: INNOVACIÓN

(Abril de 2021). «Valuación Netflix», *Inversión & Capital*. Consultado en https://inversionycapital.com/valuacion-netflix/.

Bachega, H. (17 de agosto de 2018). «Cómo sobrevive la última tienda de Blockbuster (a pesar de que la empresa cerró hace cinco años)», *BBC Mundo*. Consultado en https://www.bbc.com/mundo/noticias-45217314.

(5 de julio de 2019). «¿A qué se dedicaba Jeff Bezos antes de fundar Amazon hace 25 años (y cómo se le ocurrió la idea)?», *BBC Mundo*. Consultado en https://www.bbc.com/mundo/noticias-48874014.

Drucker, P. (s. f.). «Sobre empresa y sociedad», *Cuadernos Empresa y Humanismo*, núm. 74. Consultado en https://core.ac.uk/download/pdf/83556247.pdf.

Gavaldá, J. (3 de marzo de 2020). «Alexander Graham Bell y la polémica del teléfono», *National Geographic*. Consultado en https://historia.nationalgeographic.com.es/a/alexander-graham-bell-y-polemica-telefono_15118.

Lee, E. (22 de octubre de 2018). «Por qué todos quieren copiarle a Netflix», *The New York Times*. Consultado en https://www.nytimes.com/es/2018/10/22/espanol/cultura/netflix-ganancias-contenido.html.

Miralles, S. (s. f.). «Los mil intentos fallidos de Thomas Alva Edison», *VIX*. Consultado en https://www.vix.com/es/btg/curiosidades/3957/los-mil-intentos-fallidos-de-thomas-alva-edison.

Pozzi, S. (9 de febrero de 2018). «Reed Hastings, el cerebro detrás de Netflix», *El País*. Consultado en https://elpais.com/cultura/2018/02/08/actualidad/1518086678_221261.html.

(6 de agosto de 2007). «Bell Telephone v Western union (1879)», *The Guardian*. Consultado en https://www.theguardian.com/technology/2007/aug/06/bellvwestern.

Simons, D. (10 de marzo de 2010). «Selective attention test» [video]. YouTube. Consultado en https://www.youtube.com/watch?v=vJG698U2Mvo.

(22 de marzo de 2021). «El INEGI presenta el segundo conjunto de resultados del estudio sobre la demografía de los negocios 2020», INEGI. Consultado en https://www.inegi.org.mx/contenidos/saladeprensa/boletines/2021/OtrTemEcon/EDN2020.pdf.

CAPÍTULO 5: ENFOQUE

Hartmans, A. (24 de febrero de 2019). «La fascinante historia de Jeff Bezos, que creó Amazon para convertirse en la persona más rica de la historia moderna», *Business Insider*. Consultado en https://www.businessinsider.es/historia-jeff-bezos-fundador-amazon-biografia-imagenes-194094.

(s. f.). «¿Qué es la matriz de Eisenhower?», Dropbox. Consultado en https://www.dropbox.com/es/business/resources/eisenhower-matrix.

Winspire Magazine (5 de abril de 2017). «The Story of Free Bagels by Simon Sinek» [video], YouTube. Consultado en https://www.youtube.com/watch?v=K-E_KFDWMog.

CAPÍTULO 6: RESILIENCIA

Marshall, F. (1993). *¡Viven!* [película], Paramount Pictures.
Rowling, J. K. [@jk_rowling] (25 de marzo de 2016). *By popular request, 2 of @RGalbrath's rejection letters!* [Tweet]. Twitter. Consultado en: https://twitter.com/jk_rowling/status/713298761288708096?s=20&t=aWqI-ZrVyIvjy2koNAtlFA.

CAPÍTULO 7: INTUICIÓN E IMPROVISACIÓN

Russo, J., y A. Russo (2016). *Capitán América: Civil War* [película], Marvel Studios.
(18 de diciembre de 2018). «New Research Says CEOs Should Follow Their Intuition», *Chief Executive*. Consultado en https://chiefexecutive.net/new-research-says-ceos-should-follow-their-intuition.

CAPÍTULO 8: ADAPTACIÓN

(1 de diciembre de 2021). «Así ha crecido el negocio de carga de Aeroméxico». *Forbes México*. Consultado en: https://www.forbes.com.mx/negocios-asi-ha-crecido-negocio-carga-aeromexico/.

CAPÍTULO 9: INTEGRIDAD

Leggett, T. (5 de mayo 2018). «Cómo Volkswagen trató de encubrir el "terrible" fraude de las emisiones contaminantes», *BBC Mundo*. Consultado en https://www.bbc.com/mundo/noticias-44014908

CAPÍTULO 10: AUTENTICIDAD

(12 de julio de 2021). «Richard Branson, un multimillonario "pop" apasionado del espacio», *Forbes Colombia*. Consultado en https://forbes.co/2021/07/12/editors-picks/perfil-richard-branson-un-multimillonario-pop-apasionado-del-espacio/.

(12 de mayo 2013). «Virgin's Sir Richard Branson Turns Stewardess after Losing Bet», *BBC Mundo*. Consultado en https://www.bbc.com/news/av/world-22499827.

Kluger, J. (9 de julio de 2021). «The Jeff Bezos-Richard Branson Space Race Is About More Than Two Billionaires' Egos», *TIME Magazine*. Consultado en https://time.com/6079195/bezos-branson-space-race/.

(s. f.). «Detalles Nike Corporativo», Nike México. Consultado en https://www.nike.com/mx/help/a/detalles-nike-corporativo-gs.

TED (s. f.). «La vida de Richard Branson a 30,000 pies» [video], YouTube. Consultado en https://www.youtube.com/watch?v=DudfBIxw6do.

CAPÍTULO 11: EMPATÍA

Del Pozo, M. (10 de agosto de 2011). «Starbucks se reinventó para evitar la quiebra», *Expansión*. Consultado en https://www.expansion.com/2011/08/09/entorno/1312923306.html.

HBSStudent2016 (31 de octubre de 2015). «My Starbucks Idea: Crowdsourcing for Customer Satisfaction and Innovation»,

HBS Digital Initiative. Consultado en https://digital.hbs.edu/platform-digit/submission/my-starbucks-idea-crowdsourcing-for-customer-satisfaction-and-innovation/.

Jiménez, D. (8 de agosto de 2016). «Steve Sasson, el inventor de la primera cámara digital de la historia», *Xataka Foto*. Consultado en https://www.xatakafoto.com/historia-de-la-fotografia/steve-sasson-el-inventor-de-la-primera-camara-digital-de-la-historia.

Mateu-Mollá, J. (Sin fecha). «Los 4 tipos de empatía (y sus características)», *Psicología y mente*. Consultado en https://psicologiaymente.com/social/tipos-de-empatia.

(s. f.). «La historia de Starbucks, un caso de esfuerzo y éxito», *Konfío*. Consultado en https://konfio.mx/tips/casos-de-exito/la-historia-de-starbucks-un-caso-de-esfuerzo-y-exito/.

(s. f.). «Evolución anual del número de establecimientos de Starbucks en el mundo entre 2007 y 2020», *Statista*. Consultado en https://es.statista.com/estadisticas/576562/establecimientos-de-starbucks-en-el-mundo/.

Winter, J. (11 de julio de 2017). «Three Exercises to Teach Your Team Empathy», *UX Booth*. Consultado en https://www.uxbooth.com/articles/three-exercises-to-teach-your-team-empathy/.

CAPÍTULO 12: HUMILDAD

Carey, B. (26 de octubre de 2019). «El orgullo de ser humilde», *The New York Times*. Consultado en https://www.nytimes.com/es/2019/10/26/espanol/estilos-de-vida/humildad-virtudes-psicologia.html.

Cuddy, A. (junio de 2012). «Your body may shape who you are», TEDGlobal. Consultado en https://www.ted.com/talks/amy_cuddy_your_body_language_may_shape_who_you_are?utm_campaign=tedspread&utm_medium=referral&utm_source=tedcomshare.

BIBLIOGRAFÍA

Vilaseca, B. (11 de julio de 2014). «El valor de la humildad», *El País*. Consultado en https://elpais.com/elpais/2014/07/11/eps/1405089927_286258.html.

CAPÍTULO 13: LIDERAZGO

Dkellerm (s. f.). «Sasquatch Music Festival 2009. Guy Starts Dance Party» [video], YouTube. Consultado en https://www.youtube.com/watch?v=GA8z7f7a2Pk.

(18 de enero de 2012). «¿Debe ser el capitán el último en dejar el barco que se hunde?», *BBC Mundo*. Consultado en https://www.bbc.com/mundo/noticias-america-latina-56823907.

(20 de abril de 2021). «Crisis en Venezuela. El insólito acuerdo de la ONU con el país para alimentar a 185.000 niños», *BBC Mundo*. Consultado en https://www.bbc.com/mundo/noticias-america-latina-56823907.

CAPÍTULO 14: SABER VENDER

Sinek, S. (septiembre de 2009). «How Great Leaders Inspire Action», *TEDxPuget Sound*. Consultado en https://www.ted.com/talks/simon_sinek_how_great_leaders_inspire_action.

CAPÍTULO 15: RETRIBUIR

(16 de enero de 2020). «Microsoft eliminará más carbono del que emite para 2030», Microsoft. Consultado en https://news.microsoft.com/es-xl/microsoft-eliminara-mas-carbono-del-que-emite-para-2030/.

Herek, S. (1995). *Triunfo a la vida* [película], Hollywood Pictures.

(2020). «2020 Social Responsibility Report», *McKinsey*. Consultado en https://www.mckinsey.com/about-us/social-responsibility/2020-social-responsibility-report/overview.

(s. f.). «Valores Microsoft», Microsoft. Consultado en https://www.microsoft.com/es-es/about/values.

CAPÍTULO 16: ACTITUD

D'Onfro, J. (18 de abril de 2015). «The truth about Google's famous "20% time" policy», *Business Insider*. Consultado en https://www.businessinsider.com.au/google-20-percent-time-policy-2015-4.

Guimón, P. (30 de enero de 2021). «Marty Baron: "La gente se fía más de sus sentimientos que de los hechos"», *El País*. Consultado en https://elpais.com/sociedad/2021-01-30/marty-baron-la-gente-se-fia-mas-de-sus-sentimientos-que-de-los-hechos.html.

(s. f.). «De un garaje al Googleplex», Google. Consultado en https://about.google/intl/es/our-story/#:~:text=La%20historia%20de%20Google%20comienza,encargado%20de%20mostrarle%20el%20campus.&text=Este%20motor%20de%20b%C3%BAsqueda%20se,Google%20(%C2%A1menos%20mal!).